HILLSBORO PUBLIC LIBRARIES
Hillsboro, OR
Member of Washington County
COOPERATIVE LIBRARY SERVICES

외국어 완전 정복

How to Learn Any Language by Barry Farber

Copyright © 1991, Barry Farber
All rights reserved.
Korean Translation Copyright © 2006, VistaBooks Publishers

KOREAN TRANSLATION EDITION PUBLISHED
BY ARRANGEMENT WITH KENSINGTON PUBLISHING CORP. NY. NY USA
THROUGH PUBHUB LITERARY AGENCY

이 책의 한국어판 저작권은 PubHub 에이전시를 통한 저작권자와의 독점 계약으로
도서출판 지식의 풍경에 있습니다.
저작권법에 의해 한국 내에서 보호를 받는 저작물이므로
무단 전재와 무단 복제를 금합니다.

외국어 달인이 말하는 만국통용 학습법
25개 외국어에 통했다

외국어 완전 정복

배리 파버 지음 | 최호정 옮김

지식의 풍경

| 차례 |

추천의 말 – 외국어와 열정적으로 사랑하기 **10**
옮긴이의 말 – 어디서나 '통' 하는 외국어 학습법 **12**

프롤로그 **19**

My Story 1

foreign, 세상에서 가장 매혹적인 말 **29**
라틴 어, 슈퍼스타에서 지진아로 **32**
앗, 중국 해병이다! **36**
녹다운 뒤에 다시 일어나다 **40**
잉그리드 버그만에 끌려 노르웨이 어를 배우다 **44**
러시아 어와 겁 없이 맞장 뜨다 **47**
발칸으로 떠난 우연한 여행 **50**
어려운 외국어, 쉬운 외국어 **54**
최고의 적수, 헝가리 어를 만나다 **59**
언어의 힘이 철의 장벽을 부수다 **61**
우여곡절 끝에 헝가리 어와 결혼하다 **66**
새로운 언어 친구들 **71**

The System 2

1 워밍업

외국어 학습의 다섯 가지 거짓말 77
- 산책을 하면서 노랫말을 외우듯 외국어를 익힐 거야 78
- 공부 시간? 하루 이틀 정도는 건너뛸 수 있어 79
- 어려운 부분은 그냥 넘어갔다가 나중에 다시 보면 돼 79
- 원어민도 아닌데 억양이나 발음은 대충하지 뭐 80
- "외국어를 할 줄 안다"고 말할 때가 있다? 82

문법과 화해하자 85
- 그게 전부다! 그걸로 충분하다! 86
- 문법을 알면 외국어 공부가 즐거워진다 89

한 가지 언어로만 말하며 살기엔 세상이 너무 흥미롭다 94
- 외국어 +α 96
- 언어에도 족보가 있다 97
- 한 가지 언어로만 말하며 살기엔 세상이 너무 흥미롭다 99

학습 도구, 모조리 챙기자 101
- 기본 교재 101
- 사전 102
- 회화책 103
- 신문이나 잡지 104
- 현지 학생들이 보는 책 104

- 휴대용 카세트와 테이프 **105**
- 공테이프 **108**
- 단어장 **109**

한숨 돌리는 시간

어째서 이 녀석은 한 마디도 하지 않은 거죠? **112**

2 외국어 정복 필살기: 가능한 모든 방법을 동원하자 **115**

- 일단, 문법책 5장까지만 밀고나가 보자 **118**
- 현실 세계로 들어가기 위해 거쳐야 할 관문들 **121**
- "맨땅에 헤딩"도 불사하자 **126**
- 상황을 설정하여 대화를 암기하자 **129**
- 호모 파베르, 도구를 이용하라 **133**

3 외국어 정복 필살기: 숨어 있는 시간을 찾아라 **139**

- 외국어 학습에도 시테크가 필요하다 **141**
- 귀와 눈을 쓰는 시간, 귀만 쓰는 시간 **147**
- 머리에 학교를 끼워라? **148**

4 외국어 정복 필살기: 무작정 뛰어들어라 **153**

- 이야기를 나누자, 어서 말을 걸어 보자! **156**
- 보는 것과 쓰는 것은 완전히 다르다 **158**

How to learn any

- 구슬이 서 말이라도 꿰어야 보배 160
- 언어 훔치기 163
- 외국어 때문에 얻은 작은 행복 165

5 외국어와 결혼하기 전에 챙겨야 할 것 173
- 뛰어들기 174
- 상벌 게임 178
- 불경한 말, 천박한 말 178
- 꼬리에 꼬리를 무는 외국어 179
- 제대로 말하기 180
- 말할 것이냐, 말하지 않을 것이냐 182
- 언어는 테러리스트도 평화주의자로 이끈다 183
- 외국어 공부에 끝은 없다 184

> 한숨 돌리는 시간

두 마리 쥐 이야기 185

Appendix 3

랭귀지 파워 키우기 189
파버의 재미있는 외국어 이야기 194

비비와 셀리아에게
두 아이가 말을 배우는 걸 도와주며 느꼈던 기쁨과
그 후 외국어를 가르쳐 달라고 했을 때 느꼈던 기쁨에
답하는 마음으로 이 책을 바친다.

●추천의 말●

외국어와 열정적으로 사랑하기

우리네 대부분은 일생에 한 번 결혼하고 한 사람과 평생을 산다. 중간에 딴마음이 생겨서 다른 이성과 연애를 하거나 결혼을 하려고 하면 값비싼 대가를 치러야 한다. 그런데 자그마치 스물다섯 명의 여자와 연애를 하고 결혼까지 했지만, 아무런 대가도 치르지 않고 스물다섯 배의 행복을 누리고 있는 사나이가 있다면, 그 사나이가 그 스물다섯 명과의 연애담을 여러분께 들려 주겠다면, 여러분은 만사를 제쳐두고 그의 말에 귀를 기울일 것이다.

스물다섯 명의 여자들이 아니라 스물다섯 개의 외국어를 습득한 저자 배리 파버는 외국어 학습의 카사노바이다. 이 카사노바가 여러 외국어와 벌인 연애 행각을 고스란히 담은 것이 바로 이 책이다. 우리의 가장 큰 관심사는 "외국어라는 이성을 어떻게 유혹하여 어떻게 결혼할 것인가?"(어떻게 성공적으로 외국어를 구사할 수 있게 되는가?)라는 것이다.

그가 제시하는 답은 "열렬히 사랑하라"는 것이다. 이 책에서는 노하우와 스킬도 많이 알려 주며, 구체적이고 생생한 그의 경험담

(남의 연애 이야기만큼 재미있는 게 또 어디 있겠는가?)도 들어있지만, 그러한 노하우와 스킬을 고안하고 실천하게 만드는 추진력은 열정적 사랑이다. 사랑하는 사람의 모든 것이 알고 싶어지듯이, 사랑하는 사람의 관심을 끌기 위해서 어떤 일이든 마다하지 않듯이, 바로 그러한 마음으로 연애를 한다면 성공적인 결혼으로 골인할 수 있을 것이다. 외국어도 똑같다.

우리 나라에서 외국어를 잘 하는 사람들 모두에게 공통된 점은 그 외국어를 열렬히 사랑했고 사랑하고 있다는 것이다. 그런 사랑 없이 스킬과 노하우만으로 외국어를 정복할 수 있다고 생각하면 오산이다. 여기 배리 파버의 《외국어 완전 정복How to Learn Any Language》에서 arts of love를 배워 가길 바란다.

최인호(Daily English 대표)

●옮긴이의 말●

어디서나 '통'하는 외국어 학습법

바야흐로 외국어의 시대다. 기업의 입사 조건에서 영어 능통은 당연지사가 된 지 오래고 제2외국어 구사력이 경쟁력이 되는 상황이니 어디 가서 외국어 한 마디 못하면 얼굴이 절로 화끈거리지 않을 수가 없다. 별다른 사회 활동을 하지 않더라도 영어를 못하고서는 네다섯 살적부터 영어 노래를 흥얼거리는 아이들 앞에서 괜히 주눅이 든다.

술 권하는 사회라는 말은 이미 옛말이고 바야흐로 외국어 권하는 사회다. 신문 지면에는 잊을 만하면 한 번씩 몇 개 국어를 구사하는 언어 천재들이 등장하고 그럴 때마다 영어 하나에도 쩔쩔매는 사람들의 입에선 탄식과 탄성이 절로 터져 나온다. 포기하거나 모른 척하자니 시대의 흐름이 너무 거세다. 거리마다 지면마다 영어나 중국어를 공부하라는 광고가 득실댄다. 이렇게 하면 귀가 뚫리고, 저렇게 하면 말문이 열린단다. 지금이라도 시작하기만 한다면 금방 그렇게 될 수 있을 것도 같다. 그러나 막상 외국어를 공부하려 해 보면 막막하다. 그래, 오늘부터 시작하는 거야, 마음을 굳게 먹어도, 회화 학원을 다닐까, 도서관에서 vocabulary22000부터 씹어 먹을까, 문법 공부를 다시 할까, 마음은 급한데 도무지 무엇이 올바른 방법인지 알 수가 없는 것이다. 할 수 있는 대로 다 해 보자니 시간이 울고 돈이 운다. 자, 어떻게 할 것인가?

이 책의 저자인 파버는 무려 25개 국어를 구사하는 또 한 사람의 언어 천재다. 그런데 그는 자신의 모국어만 알아도 아쉬울 것 없어 보이는 영어 사용자이다. 외국어 독학 방법론이라 할 수 있는 이 책이 흥미로운 것은 영어나 다른 외국어들을 공부하면서 우리가 겪는 어려움을 영어 사용자인 그들도 외국어를 배우면서 똑같이 겪는다는 점, 그래서 한국어 사용자인 우리가 영어, 혹은 다른 외국어를 공부하는 특별한 방법이 있는 것이 아니라 세계 어느 나라 사람이건 모국어가 아닌 언어를 공부하는 데는 보편적인 방법이 있음을 보여 준다는 점이다. 또한 책의 앞머리에서, 그리고 중간 중간 파버가 미국의 잘못된 외국어 교육 때문에 미국인들은 10년 이상 외국어를 공부하고도 실제 필요한 상황에서는 입도 병

굿 하지 못한다고 비판하는 부분을 보면 절로 웃음이 난다. 어디서 많이 듣던 말이기 때문이다. 그들과 우리의 차이가 있다면 그들은 지구촌 공용어를 모국어로 쓰는 덕에 외국어 학습이 절실하지 않지만 우리는 불행히도(?) 외국어 학습 강박증에 시달려야 한다는 것 정도가 아닐까.

피할 수 없다면 맞서라고 했다. 외국어 강박증에 스스로를 소진하느니 과감히 도전하는 게 상책이다. 그러나 먼저 그 강박증의 실체를 확인해 볼 필요가 있다. 왜 외국어를 공부하려 하는지, 학습의 동기를 스스로 분명히 알아야 한다는 말이다. 이 책이 제시하는 학습법이든, 아니면 도처에 흘러 넘치는 수많은 다른 학습법이든, 그것들을 활용하여 외국어를 공부하는 일은 결코 녹록치가 않다. 주눅 들기 싫어서, 세태에 떠밀려서 그냥 한 번 해 볼 만한 만만한 상대는 아니라는 것이다. 파버의 말을 빌리면 경찰이 하루 24시간 경찰이듯, 소방관이나 스파이, 군인도 그렇고 외국어를 공부하는 사람도 마찬가지다. 현실에서는 위에 언급한 직업군에 속한 사람들이 직업적 특성이 요구하는 24시 체제로 살아가지 않는다 해서 실직할 가능성은 적겠지만, 외국어를 공부하는 사람들은 불행히도 하루를 놓으면 이틀 노력하여 이룬 성과를 잃고 일주일을 놓으면 한 달 걸려 이룬 성과를 잃는다고 한다. 그러니, 소극적인, 혹은 목표가 불분명한 동기를 가지고 버티기엔 좀 버겁지 않겠는가? 영어를, 중국어를, 혹은 일본어를 공부해야겠다면 언제라도 스스로에게 24시 체제를 일깨워 줄 강력한 동기를 갖는 것이 학습의 제일 중요한 출발점이다.

그러나 동기가 분명해도 해당 언어를 보기만 해도 머리가 지끈거린다면 난감한 일이다. 팝송이 좋아서 영어가 친밀하게 느껴지고 드라마와 만화에 빠져 일본어를 알고 싶어지는 것처럼 호감이 가고 정말 배우고 싶은 마음이 굴뚝같을 때 외국어 공부는 발동이 걸리게 된다. 좋아하는 일을 하는 사람을 무슨 수로 당하겠는가. 어떤 이유에서건 외국어를 공부하려 한다면 최소한 억지춘향은 하지 않을 언어, 왠지 마음이 끌리고 보면 즐거운 언어를 택하는 것이 좋겠다.

이제 즐거운 마음으로 공부를 도와줄 도구를 찾아보자. 이 책은 앞서 말했듯이 외국어 학습이 누구에게나 보편성을 지닌다는 것을 보여 주며, 저자 자신이 시행착오를 거친 끝에 고르고 또 골라낸 그 보편성의 진수를 제시한다. 외국어를 공부하기 위한 교재들은 도처에 널려 있다. 공부를 시작한다고 값비싼 교재를 잔뜩 사들이거나 서둘러 학원 강좌에 등록할 필요는 없다. 서투른 목수가 연장 탓한다고, 어떤 것이 최고의 교재일까 머리 아프게 고민할 필요가 없다. 무엇이나 최고의 교재가 될 수 있으니까. 대신, 명심하자. 자신이 갖고 있는 모든 것을 올바른 방법으로 최대한 활용해야 한다는 것을. 이 책은 어휘와 문법, 회화를 아울러 공부하는 구체적이고 핵심적인 방법들을 알려 준다. 외국어를 공부하는 과정에 필수적인 항목들, 특별히 독창적이거나 유별난 것이 아니라 보면 다 아는 내용이지만 실제 공부에서는 잘 활용하지 못하고 있던 것들이 일목요연하게 정리되어 있으니 마음먹고 한 번 따라해 보자.

외국어를 공부하다 이미 여러 번 좌절을 맛본 적이 있다 해도 다시 시작하겠다는 마음을 먹었다면 조금은 위안과 희망을 가져도 좋다. 노력한 만큼 다 이루어지지는 않는 것이 세상 이치지만 외국어 공부에서만은 노력한 만큼의 결실이 반드시 생기기 때문이다. 장애를 갖고 있는 경우가 아니라면 말을 못하는 사람은 없다. 말을 하게 되는 이치는 다 똑같은데, 모국어는 자연 환경의 소산이고 외국어는 모국어와 같은 환경을 인위적으로 만들어 내어 학습해야 한다는 것이 다를 뿐이다. 모국어 환경 속에 살면서 외국어를 위한 인위적 섬을 계속 만들어 내는 끈기와 집념만 있으면 누구나 외국어를 구사하는 사람이 될 수 있다. 높은 지능이나 논리적 사고력에 의해 승패가 좌우되는 공부가 아니니 얼마나 큰 위안이 되는가. 저자 역시 토끼와 거북이의 우화를 빌려 "머리는 둔하지만 외국어에 통달하겠다는 목표를 향해 꾸준히 그리고 혹독하다 싶을 정도로 열심히 공부하는 사람과 너무나 뛰어나서 외국어 수업 시간에는 친구들의 질투의 대상이었지만 의욕이 없는 천재를 비교하자면 앞 사람의 승산이 훨씬 높다"고 했다. "정식으로 수업을 듣는 데 시간이나 돈을 쓸 수 없거나 그렇게 하고 싶지 않은 사람들을 위해" 씌어진 이 책을 친구 삼아 결국은 승리할 즐거운 거북이가 되어 보면 어떨까.

이 책은 배리 파버의 *How to Learn Any Language* (Citadel press)를 우리말로 옮긴 책이다. 그런데 이 책이 가진 여러 장점들에도 불구하고 내용 가운데 우리 실정과 다소 먼 부분들은 일부 편집했고 부족하지만 약간의 내용들을 '톡톡 tip'이라는 형식에 담아 보충했다. 이 점 독자 여러분들이 널리 양해해 주길 바란다.

prologue

외국어와 관련하여 세상 사람들이 흔히 하는 농담이 있다.

"두 가지 언어를 구사하는 사람을 뭐라고 하지?"
"Bilingual."
"세 가지 언어를 구사하는 사람은 뭐라고 하지?"
"Trilingual."
"네 가지 언어를 구사하는 사람은 뭐라고 하지?"
"Quadrilingual."
"그럼 오로지 한 가지 언어만 구사하는 사람은 뭐라고 할까?"
"우리 나라 사람!"

여러분이 이 책을 읽고 그대로 따라하기만 한다면, 세상 사람들의 이런 비웃음은 더 이상 통하지 않을 것이다.

미안하지만, 잠깐 미국 애기를 해 보자. 미국 사람들은 언어를 배우는 데 가장 멍청하다는 오명을 지금까지 쓰고 있다.

그 주된 이유는 이렇다. 지금까지 보통의 미국 사람들이 받을 수 있었던 거의 모든 외국어 교육은 (이렇게까지 말하고 싶진 않지만) 쓸모없는 것이었다. 사람들은 말한다. "저는 고등학교에서 2년, 그리고 대학에서 4년 넘게 프랑스 어를 배웠지만 마르세유에서 오렌지 주스 한 잔도 주문할 수가 없었어요"라고. 이 말을 겸손한 척 내숭떠는 말로만 볼 수는 없다. 사실이니까. 문화적으로 보면 황폐한 노릇이고 경제적으로 보면 위태로운 일이지만, 이것은 분명 현실이다! 부끄럽기 짝이 없는 현실.

이제, 이 책이 외국어 정복에 관한 한 노련한 길잡이 역할을 할 것이기에, 이 책에서 제시한 방법을 완전히 자기 것으로 만든다면 이런 수모는 겪지 않아도 될 것이다.

내가 외국어 학습법에 관심을 갖기 시작한 것은 "다람쥐"를 뜻하는 노르웨이 어 단어가 영어의 도토리(acorn)라는 것을 우연히 알게 되면서부터이다. 그 단어의 철자는 ekorn이었지만 도토리(acorn)라는 영어 단어와 발음이 같았다. 그 다음에는 "미키 마우스"가 스웨덴 어로 법석을 떠는 돼지(Mussie Pigg)라는 것을 알게 되었다. 이번에도 스웨덴 어의 철자는 이와 달랐지만 그게 무슨 상관인가? 언어들 사이의 묘한 관계는 내 호기심을 자극하고도 남았다. 이러한 언어의 묘미에 한번 빠져들자 나는 걷잡을 수 없이 언어 학습에 몰입했다. 언어를 공부하지 않고서는 견딜 수 없을 만큼 그냥 그렇게 언어가 좋았던 것이다.

시장에서 와자지껄 들려오는 낯선 말들이 내게는 정겨운 음악이다. 지금도 나는 모르는 외국어가 인쇄된 문서를 보면 가슴이 쿵쾅거린다. 세상의 내로라하는 그림이나 예술 작품, 사진을 보아도 맛볼 수 없는 흥분이 거기 있다!

내가 십대였던 1944년에 외국어를 취미 삼아 공부하기 시작했다. 군에 입대하던 1952년에는 14개 외국어에 대해 실무 인증 시험을 치러 자격증을 땄다. 그 후에는 배운 언어들에 대한 이해의 폭을 넓히는 한편 다른 언어들도 공부해 나갔다. 유창한 수준이건 떠듬떠듬 말을 하는 수준이건, 여하튼 지금 나는 25개국 언어를 구사할 줄 안다.

자랑처럼 들릴지 모르지만 사실이 그렇다. 내가 만일 언어 학습에만 온 시간을 바치고 다른 취미 생활을 하지 않았더라면 분명히 지금보다 더 잘 할 수 있었을 것이다. 이제 막 외국어를 배우기 시작한 사람이라면 내가 중국어로 음식을 주문하고 티토[1892~1980년. 유고슬라비아의 정치가. 공산주의 지도자로는 최초로 민족주의적 공산주의를 주창하며 소련에 도전했다]와 스탈린의 대립에 관해 세르보크로아티아 어로 토론을 벌이는 것을 보면서 눈이 휘둥그레질 것이다. 하지만 내가 그 언어들과 그 밖의 언어들을 좀 더 잘 구사하기 위한 나 자신의 학습법이 과연 제대로 된 것인지 고민하는 데 얼마나 숱한 시간과 노력을 바쳤는지는 아무도 모를 것이다.

나는 이 책에서 1944년부터 내가 어떤 시행착오를 거쳐 어떤 공식들을 활용해 왔는지를 소개하지는 않겠다. 대신, 1944년으로 되돌아가 모든 것을 다시 시작할 수 있다면 활용했을 그런 공식, 이제는 확실한 검증을 마친 그런 공식을 제시하고자 한다.

상식적으로 보면 디저트는 음식을 다 먹고 나서 먹는 것이고, 날씬한 몸매는 다이어트를 해야 얻게 되며, 근육은 운동을 해야 단단해진다. 노력해야 행운이 온다. 여기까지는 상식이 맞다.

외국어로 대화를 즐길 수 있으려면 먼저 외국어를 배워야 한다는 것이 상식이다. 동사의 변화, 성-수-격에 의한 어형의 변화, 숙어와 예외, 가정법과 불규칙 동사 등을 붙잡고 머리가 멍해지도록 숱한 시간을 씨름해야 한다는 것이다. 그런데 여기서는 상식이 틀렸다. 틀려도 완전히 틀렸다. 외국어를 배울 때에는 디저트부터 시작하고, 그런 다음 그 달콤함에 자극을 받아 주 요리를 걸신들린 듯 먹어 치울 수가 있다.

동사 변화라는 문법 용어를 아는 여섯 살짜리 아이가 있을까? 여러분이 바라는 것은 문법에 관해 들어본 적도 없는 아이들이 말을 하는 것처럼 그렇게 외국어로 대화를 나눌 수 있게 되는 것 아닌가? 우리는 목이 터져라 혁명을 외치는 군중처럼 문법을 폐하고 궁전에서 끌고 나와 광장에서 화형에 처하는 봉기의 길을 가려는 것이 아니다. 우리는 다만 문법을 제자리에 놓으려는 것뿐이다. 지금까지 우리에게 문법이라는 것은 언어를 잘 배워 나가지 못하도록 언어 교육자들이 뿌려 대는 마취제였다. 문법과 재미, 그 둘 사이에서 문법은 최소화하고 재미는 극대화하는 것이 우리가 하려는 일이다. 우리는 더 즐겁게 문법을 흡수하는 길을 찾아갈 것이다.

불행히도, "자기 계발"용 책들은 난무하고 있지만 그 책들을 보고 실제로 자기 계발이 되는 경우는 희한하게도 적다. 제목도 거창한 너무나도 많은 책들이 성공을 약속하지만, 알고 보면 빛 좋은 개살구이다. 일반론과 권고의 말들을 빼고 나면, 그런 책들에서 여러분이 목표로 삼은 것에 "집중하고" 그것을 "현실로 만들기" 위해 실제 얻을 수 있는 것은 별로 없다. 많은 것을 약속하는 책에서 실제로 가치 있는 조언을 추려 내기란 우물에서 숭늉을 찾는 격이다.

그 같은 위험을 마음에 새기고 있기에 나는 여러분에게 격려의 말만 번지르르하게 늘어놓지는 않을 것이다. 여러분이 이 책을 한 발짝씩 따라온다면 빠르고 쉽게, 비싼 값을 치르지 않고 즐겁게, 그리고 혼자 힘으로 자신이 선택한 언어를 배우게 될 것이다.

또한 그 과정에서 자신도 모르게 재미를 느끼게 될 것이다. 물론 공부에서 느끼는 그 같은 재미가 언어를 제대로 이해하여 현실 세계라는 격전지에서 그 언어를 사용하게 되는 순간 맛보게 될 재미와는 비교도 안 될 것이 분명하지만 말이다.

이 책에 나와 있는 외국어 학습법은 내가 1944년에 처음 외국어를 공부하면서 힘들고도 끊임없는 시행착오를 거친 끝에 얻은 결과물이다. 효과가 있었던 방식은 계속 이어 가고, 실패한 방식은 쳐냈으며, 계속 이어 온 것들도 끊임없이 개선하려고 애썼다.

이 학습법의 핵심을 소개하자면 다음과 같다.

가능한 모든 방법을 동원하자

서점의 어학 코너에 가보면 학습 요령, 문법, 독해, 회화, 작문법 등의 책, 사전, 단어장, 보기 좋게 꾸며진 카세트 강좌 등등이 있다. 그 제품들은 서점 판매대에 누워 "이봐, 친구! 이 언어를 배우고 싶어? 내가 있잖아. 나를 사라고!"라고 말하고 있다. 그것들을 전부, 아니면 최소한 한 개라도 사 보자! 그러면 아마도 자신이 네댓 개 강좌를 동시에 듣고 있는 것 같은 느낌이 들 것이다. 그런 느낌이 용솟음친다면 그건 아주 좋은 시작이다. 그 모든 도구들이 조화를 이루며 어우러지면 스스로도 믿기 어려운 상승 에너지가 솟구쳐서 어느새 비상하게 된다.

숨어 있는 시간을 찾아라

딘 마틴(1917~1995년. 가수, 코미디언 등으로도 활동한 미국의 영화배우. 대표작으로 《캐논볼》, 《리오 브라보》 등이 있다. 칵테일을 즐기던 그는 예명도 칵테일 이름을 따서 마티니Martini로 했다가 나중에 i만 뺀 마틴Martin으로 바꾸었다)은 언젠가 마시는 둥 마는 둥 칵테일을 홀짝거리는 소녀를 보고는 "내가 흘린 게 네가 마신 양보다 더 많겠다"며 핀잔을 줬다. 우리가 매일같이 "흘려보낸" 시간들을 모은다면 일 년이면 새로운 언어를 통째로 배울 수가 있다! 네덜란드가 바다를 훔쳐 땅을 만든 것처럼 언어를 공부할 시간을 훔치는 법을 배우자. 할 일이 아무리 많아도, 일이 넘쳐 시간이 늘 모자라는 것처럼 여겨져도 꼭꼭 숨어 있는 시간들이 있는 법이다. 예를 들어, 엘리베이터를 기다리는 동안, 은행 창구에서 번호표를 뽑은 뒤 자기 차례를 기다리고 있는 동안, 통화할 사람을 기다리는 동안, 전화 수화기를 들고 기다리는 동안, 자동차에 기름을 넣는 동안, 대기실에서 안내를 기다리는 동안, 데이트 상대가 오기를 기다리는 동안, 하여튼 무언가를 기다리는 동안 여러분은 무엇을 하는가?

여러분은 자신이 허비하고 있다는 사실을 여태껏 한 번도 자각하지 못했던 그 귀중한 시간의 파편들을 끌어 모으는 법을 배우게 될 것이다. 또한 일상의 15초, 10초, 심지어 5초라는 짧은 시간이 아주 귀중한 공부 시간이 될 것이다.

무작정 뛰어들어라

배우고 싶은 언어를 전혀 모른다 해도 상관없다. 여러분은 교과서라는 인큐베이터에서 일찌감치 뛰쳐나와 그 언어의 "현실 세계"로 곧바로 도약할 것이다. 여러분이 배우고자 하는 언어의 교과서는 아무리 수준이 높다 해도 현실의 언어 세계가 아니다. 반면 외국 잡지에 난 광고는 아무리 기초적이고 읽기 쉬운 것이라 해도 현실의 언어 세계이다. 의식하고 있건 그렇지 않건 간에 외국어를 배우려는 사람이 원하는 것은 교과서에 갇힌 언어가 아니라 현실의 언어이다.

배우는 리허설과 오프닝 무대가 다르다는 것을 안다. 축구 선수는 관중으로 가득 찬 경기장에서 하는 실전이 연습 경기와는 다르다는 것을 안다. 수업을 통해 만나는 외국어와 신문, 잡지, 소설, 영화, 라디오, TV 등에 나오는 외국어가 다르다는 것을 여러분도 알게 될 것이다. 신문과 잡지를 통해 여러분은 현실 세계라는 무대로 멋지게 진입할 수 있다.

이처럼 온갖 방식을 동원하여 달려들고, 자투리 시간을 잡아채고, 실생활 속으로 과감히 뛰어들라는 것이 내가 추천하는 외국어 학습법이다. 여러분이 배우려는 외국어는 얇고 큰 백지와 같다. 내가 제시한 학습법이 그 종이 한가운데 불을 붙여 줄 것이다. 불꽃은 들쭉날쭉 타 들어가는 듯 보이지만 결국은 종이를 모두 태우고서야 사그라진다. 여러분도 그렇게 언어를 배우게 될 것이다.

식료품 제조업자들은 들통만 나지 않는다면 어떻게든 자기 제품을 "천연 유기농 식품"이라고 광고하고 싶어 하고, 수많은 어학 강좌들은 "어린아이가 말을 배우듯" 외국어를 공부하게 해 주겠다고 광고하고 싶어 한다.

그게 뭐 잘못이냐고? 여러분이 왜 어린아이가 처음 말을 배우는 방식으로 외국어를 배워야만 하는가? 여러분은 최소한 한 가지 언어에는 통달해 있는 사람들이다. 그러기에 첫 번째 언어를 배우는 데 걸린 것보다 더 짧은 기간에 두 번째 언어를 배우고 싶고 그러기 위해 자신이 가진 이점을 최대한 활용하고 싶은 것은 당연하다. 어린아이로 돌아가는 것이 아니라 성인으로서, 주어진 조건 그대로 외국어를 배워서는 안 될 이유가 없지 않은가?

How to learn any language

1 My Story

(foreign,
세상에서 가장 매혹적인 말)

My Story   불과 몇 분 전에 여러분은 이 책을
펴 들었고, 이제 언어 학습자이자 언어 애호가의 길을 걷기 시작
했다. 그런 여러분에게 조금이라도 도움이 될지도 모른다는 생각
에, 쑥스럽지만 나의 "외국어 학습 분투기"를 짤막하게 적어 볼까
한다.

여러 나라 말을 통틀어 내가 그 무엇보다 좋아하는 단어는
"foreign"이라는 영어 단어다. 그 단어에 처음 마음을 빼앗겼던
때가 지금도 기억에 생생하다. 네 살 때 여름 캠프에 참가했을 때
이다. 그 어린아이들 사이에서도 특권이라는 것이 생기는 법이어
서, 캠프에서는 아서와 자네트가 이미 "왕"과 "여왕"으로 등극해
있었다. 어느 날 아침 나는 버스에서 아서 바로 옆 자리에 앉게 되

었는데 그걸 영광스러워 했던 기억이 난다. 아서가 작은 가방에서 봉투를 하나 꺼내 자네트에게 보여 주었는데, 나는 그때껏 그렇게 황홀한 색깔의 종이는 본 적이 없었다.

"Look at these stamps, Janet"(자네트, 이 우표들 좀 봐) 아서가 말했다. "They're *foreign*!"(외국 거야!) 그 말이 뼛속 깊이 새겨졌다. 나의 상상 속에서 외국이라는 말은 아름답고 매력적이고 인상적인 어떤 것, 최고의 선남선녀들만이 함께 나눌 수 있는 어떤 것을 의미하게 되었다. 그 후로 쭉 외국이라는 단어가 무심히 거론되기만 해도 환상의 세계로 빠져들곤 했다.

나는 누구나 외국에 대해 나와 똑같이 느낄 거라고 생각했는데 우여곡절을 겪어 보니 사람이 다 같은 것은 아니었다. 학교 친구 하나가 부모님이 유럽 여행을 하자는 걸 거절하고 대신 서부 지방을 여행했다고 말하는 걸 들었을 때, 녀석이 미치지 않고서는 저런 말을 할 수 없다고 생각했다. 또 한 친구가 세계 정치보다 지역 정치에 더 큰 흥미를 느낀다고 했을 때는 녀석이 제정신이 아니라고 생각했다. 부모님이 친구들을 초대하여 함께 식사를 하게 되면 대부분의 아이들은 지루해 한다. 나 역시 그랬다. 하지만 어떤 나라였는지 상관없이, 외국에 가 본 적 있는 친구 분이라면 얘기가 달랐다. 나는 재판에서 반대 심문이라도 하듯 사소한 부분도 놓치지 않고 물고 늘어지면서 외국 여행의 온갖 시시콜콜한 것까지도 캐물었다.

한번은 머리가 지끈지끈해지도록 내 질문 공세에 시달린 어떤 친구 분이 집을 나서면서 어머니에게 이렇게 말하기까지 했다.

"무슨 저런 애가 다 있담! 얼마나 호기심이 많은지, 다른 나라에서 내가 뭘 하고 지냈는지 일분일초까지 다 따지는 거야. 내가 가 본 다른 나라라는 게 기껏 캐나다뿐이었는데 말이야!"

라틴 어,
슈퍼스타에서 지진아로

My Story   중학교 3학년이 되던 첫날, 레슬리 선생님의 라틴 어 수업을 듣게 되었다. 오랜 인생의 꿈이 솟구치는 순간이었다. 정말이지 마음속에 로마 시대의 음악이 배경 음악처럼 들리는 듯했다. 라틴 어를 배우기 시작한 그 순간 다른 학생들은 어떻게 미래를 꿈꾸며 열광하지 않을 수 있는지, 나로서는 도무지 이해가 되지 않았다. 레슬리 선생님이 나누어 주신 라틴 어 교과서를 펼치는 순간 온몸에 전율이 흘렀다. 내가 외국어를 배우고 있다니!

수업 첫날 우리는 기껏 어휘 몇 개만 배웠다. 레슬리 선생님은 칠판에 라틴 어 단어 몇 개를 적었고 우리는 노트에 그 단어들을 옮겨 썼다. 나는 일찌감치 내가 그 수업의 주인공이 되는 것이 따

놓은 당상임을 보여 주었다. 11년 전 보았던 아서의 외국 우표들 만큼이나 소중한 그 새 단어들을 나는 재빨리 다 외워 버렸다. 레슬리 선생님이 우리에게 책을 덮으라고 하고는 "라틴 어로 '농부' 를 뭐라고 하는지 아는 사람" 하고 물었을 때 나는 좌중의 침묵을 깨고 제일 먼저 "아그리콜라!"(Agricola)라고 소리쳤다. 아라비아 사막에 쏟아진 레모네이드를 모래가 빨아들이듯이, 나는 그 외국 어 단어들을 빨아들였다.

그 뒤 짧은 시간에 일어난 어떤 일 때문에 나는 라틴 어 수업 시간에 이루 말할 수 없이 헤매게 되었다. 하지만 나중에 그것은 내 외국어 학습의 밑거름이 되었다.

넷째 날 나는 학교에 결석을 했다. 다섯째 날 다시 등교했을 때 칠판에는 더 이상 라틴 어 단어들이 없었다. 그 대신 주격, 소 유격, 여격, 대격 같은 단어들이 씌어 있었다. 나는 무슨 뜻 인지도 모르는 그 단어들에 호감이 가지 않았다. 무엇인지 몰라도 하여튼 그 "주격-소유격"이라는 단어가 나의 축제를 망쳐 놓고 있 었다. 나는 진수성찬을 차려 놓고 지루하게 기도를 올리는 목사를 원망하듯 그놈의 단어를 원망했다.

레슬리 선생님이 그러한 문법 용어들을 설명하면 할수록 지겨 움은 더욱더 커져 갔다. 나는 라틴 어 문법 수업을 못 견뎌 했다. 신혼여행에서 보험 영업 사원이 밤중에 방문을 두드렸을 때의 심 정은 저리 가라 할 정도였다. 지금도 기억이 생생한데, 그때 나는 언어라는 것은 오로지 단어라고 굳게 믿었다. 우리말에도 단어가 있고 그들의 말에도 단어가 있다. 그러니 해야 할 일은 그들의 단어를 우리말 단어로 익히는 것인데 나는 이미 그렇게 한 셈이었다. 그래서 레슬리 선생님이 열을 내며 말했던 "탈격 독립어구" 따위의 헛소리는 필요 없는 것이었고, 또한 나로서는 원치 않던 것이었다.

레슬리 선생님은 의욕 넘치는 수제자가 기초적인 라틴 어 문법 때문에 헤맨다는 것을 알아채고는 다른 학생에게 내가 지난 시간에 빼먹어서 놓친 부분을 가르쳐 주라고 친절히 지시하기도 하고 심지어 선생님께서 내 옆에 앉아 몸소 설명을 해 주시기까지 했다. 나는 그러한 친절을 거절한 것 같다. 겁먹은 열다섯 살배기의 논리로, 문법이라는 것은 아이들이 너무 재미있어 할까봐 어른들이 궁리해 낸 일종의 장애물일 뿐이라는 결론을 내린 기억도 난다. 문법이 끝날 때까지 참고 기다리기로 결심했다.

사랑하는 어휘 친구들과 함께하는 즐거움이 명사의 어미변화와 동사의 형태 변화라는 폭포에 쓸려 내려가자 나는 머리를 닫아 버렸다. agricola라는 단어를 알게 되었던 첫 수업 시간의 그 좋았던 옛날이 더할 수 없이 그리웠다. 레슬리 선생님이 많은 것을 알려 주면 줄수록 더욱더 이해가 되지 않았다. 나는 마의 버뮤다 삼각지대에 빠져 버린 꼴이었다. 교실의 명물이라는 후광이 사라지자 나의 자존심과 의욕도 덩달아 사라졌고 외국 문물을 향한 연모의 마음도 사라져 버릴 뻔했다.

나는 합격점을 겨우겨우 통과하며 절룩거리며 나아갔다. 내가 시험에 매번 간신히 통과할 수 있었던 건 순전히 어휘 덕분이었다. 어휘를 많이 알고 있었던 덕에 몇몇 문법 사항들을 추측해 낼 수 있었던 데다 운도 조금 따라 주어서 레슬리 선생님의 수업을 D⁻로 통과했다.

처음 3일간 내가 지나친 칭찬을 듣고 학급의 의기양양한 스타가 된 후여서인지는 몰라도, 몇몇 친구들은 내가 라틴 어 지진아가 되는 것을 즐기는 듯했다. 상처를 달래려고 나는 독학용 중국어 책을 손에 쥐었다. 학기가 몇 주 남았을 무렵에는 라틴 어에서 D⁻ 학점 이상을 받을 수는 없지만, 그것으로 유급은 면할 수 있다는 것이 분명해졌다. 나는 시커멓고 뚱뚱한 중국인들이 표지를 가득 채운 엄청 이국적으로 보이는 책 뒤에 숨어 굴욕감을 감추었다. 나는 오기로 라틴 어에 대한 모든 생각을 지워 버리고 대신에 중국어 공부를 시작했다!

앗, 중국 해병이다!

My Story 라틴 어를 포기하고 중국어를 택한 것은 치기 어린 반항 같은 것이었다. 하지만 어찌어찌하다보니 그 후로 거의 매일 중국어를 사용하고 있다. 솔직히 말해, 레슬리 선생님의 라틴 어 수업에서 A학점을 받은 그 친구들이 그 라틴 어로 지금 무엇을 하고 있을지 종종 궁금해지는 것이 사실이다.

여름 방학에 우리 가족은 할아버지 할머니도 뵐 겸 마이애미 해변으로 놀러 갔다. 가는 길에 빌 삼촌이 마이애미 기차역에서 마이애미 해변까지 우리를 태워 주었는데, 우리 옆으로 해병대가 길게 열을 지어 행진하고 있었다. 마지막 대열에 다가가 보니 맨 끝에 선 해병은 중국인이었다. 그 옆에 선 해병 역시 중국인이었다. 나는 깜짝 놀랐다. 마지막 대열은 모두 중국인들이었고 바로 앞

대열 전체도 역시 중국인들이었다.

행진하는 해병대 전체가 중국인이었던 것이다!

수백만 달러짜리 복권에 당첨된 사람이 뒤늦게 자신의 번호가 당첨 번호라는 것을 알아차리게 되었을 때의 기분, 그런 기분을 맛보았다. 마이애미에 중국 해병들이 있을 줄은 꿈에도 생각하지 못했다. 하지만 그 얼마나 바보 같은 생각인가? 그때는 제2차 세계 대전 중이었고 중국은 우리의 연합국이었다. 게다가 마이애미는 항구였으니. 그곳에 내가 열심히 배우려 애쓰던 언어를 모국어로 구사하는 수백 명의 사람들이 있었다.

나는 입이 근질거리는 것을 참을 수가 없어서 몇 가지 안 되지만 아는 중국어를 속사포처럼 내뱉으며 대열의 한가운데로 뛰어들었다. 라틴 어를 배운 내 동급생들이 그해 여름 어떤 모험을 했는지는 모르지만, 분명 그 친구들 가운데 아무도 라틴 어를 쓰는 해병대에 다가가지는 않았을 것이다.

할아버지와 할머니가 계신 호텔에 도착하여 두 분께 허둥지둥 인사를 한 다음 달려 나와, 마이애미 둑길로 가는 버스에 올라탔다. 그리고 사람들에게 중국 해병들이 어디 있는지 아느냐고 물어보기 시작했다.

모두들 중국 해병들의 숙소는 비스케인 대로에 있는 알카자르 호텔이라고 했다. 훈련이 끝나면 삼삼오오 모여서 베이프론트 공원을 거닌다고도 했다.

시간이 되기를 기다렸다. 아니나 다를까, 오후 늦은 시간이 되자 공원은 중국 해병들로 북적거렸다. 아무 무리에나 불쑥 끼어들어 부모님이 사 준 책에서 배운 문구로 반갑다는 인사를 했다. 그때까지 나는 중국어를 들어 본 적이 없었다. 그때는 레코드도, 녹음테이프도, 카세트도 없었으니까. 내가 건넨 말은 라틴어 D⁻학점을 받은 학생이 초보자용 중국어 회화책을 보고서 조합해 낼 수 있는 중국어에 불과했다.

중국 해병들에게 나의 중국어는 무슨 외계인의 말처럼 들렸겠지만 그들은 적어도 내가 중국계 미국인도, 중국에서 사역한 선교사의 아들도 아니라는 점만은 분명히 알아차렸다. 그들 앞에 있는 건 보무도 당당하게 누구의 도움도 받지 않고 중국어를 배우고야 말겠다고 막무가내로 덤벼드는 미국 꼬마였다.

중국 해병들은 녀석을 도와주기로 했다.

전쟁에서 승리하는 것만이 군인의 임무는 아니다. 마이애미에 정박하고 있던 중국 해군 부대는 졸지에 두 가지 사명을 가진 꼴이 되었다. 일본군을 무찌르는 것과 내 중국어 공부를 돕는 것! 외국어를 배우는 데 이점이 있다면, 어떤 나라 사람들이나 자기 나라 언어를 배우기 시작한 사람을 좋아할 뿐만 아니라 존경하기까지 한다는 것이다. 자기 나라 언어를 배우는 사람들은 이미 성가신 외국인이 아니라 기쁨과 감사의 마음으로 한걸음에 달려갈 대상인 것이다.

나는 해병대의 마스코트가 되었다. 매일 오후 베이프론트 공원에서 중국 해병들과 어울리며 중국어 회화에 빠져 들었다. 라틴어 같은 언어에 나가떨어진 것에 복수하기 위해 벼르고 있는 십대 소년이 원어민들에게 둘러싸여 있으니 얼마나 빠른 속도로 말을 배우겠는가. 나는 무서운 기운이 느껴질 정도로 빠른 속도로 중국 어를 배워 갔다. 미국산 구축함 그늘 아래서, 그 구축함을 타고 극 동 전투로 복귀할 동맹국 군인들과 중국어로 말을 하고 있다니, 정말 믿을 수 없는 일이었다. 레슬리 선생님이 이런 내 모습을 볼 수만 있다면 얼마나 좋을까!

자연히 할아버지, 할머니께서는 내가 당신들과 보내는 시간이 많지 않아 서운해 하셨다. 하지만 내가 중국 해병 친구들을 데려 와 가족들에게 소개하자 한결 화를 누그러뜨리셨다. 두 분은 당신 친구들에게 나를 "내 손자야. 중국 해군 통역사지"라고 소개하며 기분 좋아하셨다.

내게 중국어를 가장 많이 가르쳐 주었던 판 텅시와 그 뒤로 5년 동안 편지를 주고받았다. 애석하게도, 공산당이 중국 본토를 점령 하면서 그와는 연락이 끊겼다. (40년 후에 대만의 한 신문에 내가 중국어를 어떻게 배웠는지에 대한 인터뷰 기사가 실리면서 나는 그와 재회하는 기쁨을 누렸다. 판의 친구 한 사람이 신문 기사에 난 그의 이름을 보았던 것이다.)

그해 여름 그린스보로의 사우스그린 가 뒷길에 있는 월 서점의 외국어 서적 코너에서 《휴고의 쉬운 이탈리아 어》라는 제목의 책 을 한 권 발견했다. 책을 편 지 10초, 아니 15초나 지났을까, 예의 "배경 음악"이 또다시 들리기 시작했다.

(녹다운 뒤에 다시 일어나다)

My Story   봤더니 이탈리아 어는 어려운 부분을 쏙 빼 버린 라틴 어였다. 숙달된 주방장이 생선뼈를 통째로 발라내듯, 어디선가 어떤 친절한 사람들이 라틴 어에서 문법을 전부(적어도 대부분을) 걷어내고 남은 부분을 이탈리아 어라고 한 건 아닐까!

이탈리아 어에는 주격-소유격-여격-대격 따위가 없었다. 이미 내가 알고 있던 몇몇 대명사의 경우 영어에도 같은 것(me가 I의 대격인 것처럼)이 있었기 때문에 쉽게 이해할 수 있었고 그런 것을 제외하고는 격이라는 것이 전혀 없었다. 동사의 변화에 예외가 있기는 하지만 머리가 어지러워지는 라틴 어의 동사 확장 같은 것은 아니었다. 또한 이탈리아 어 동사들은 보기에도 훨씬 쉬웠다.

40
My Story

나는 휴고판 책을 사서 재빨리 다 읽어 버렸다. 누군가 주변에 의사소통이 될 만한 사람이 있었다면 한 달 안에 이탈리아 어로 대화를 나눌 수 있었을 텐데, 슬프게도 당시 그린스보로에는 공부를 도와줄 만한 사람이 없었다.

흠씬 두들겨 맞은 뒤 다시 일어선 권투 선수, 내가 딱 그 짝이었다. 라틴 어는 그렇게 엉망이었는데 갑자기 이탈리아 어를 그렇게 잘 하게 된 이유는 무엇이었을까?

거의 비정상적이라 할 만한 나의 열의 때문이었을까? 아니다. 그건 라틴 어를 배울 때도 마찬가지였다. 그렇다면, 라틴 어는 그저 계속해서 공부만 할 수 있는 언어인 반면 이탈리아 어는 언젠가 어떤 곳에서 실제로 써먹을 수 있는 살아 있는 언어여서? 조금 더 맞는 말인 것 같다. 하지만 그것도 정답과는 거리가 멀다.

라틴 어 공략에 실패한 후 내가 이탈리아 어 습격에 성공할 수 있었던 것은 이탈리아 어를 하면서는 넷째 날을 잃지 않았다는 사실에 힘입은 바가 컸다. 중학교 3학년 라틴 어 수업의 넷째 날이 나를 무릎 꿇게 한 주범이라고 나는 확신하고 있다. 다른 날 결석을 했더라면 그런 좌절은 겪지 않았을 것이다. 내가 결석을 한 것은 즐거운 단어들이 노니는 따뜻한 바다를 헤엄치고 있던 세 번째 수업이 끝나고 난 다음이었다. 레슬리 선생님이 문법의 중요성을 설명했던 넷째 날 자리에 있었다면, 나는 약간 의기소침했겠지만 머리를 책에 파묻고 어떻게든 기를 쓰고 문법을 제대로 익혔을 것이다.

이탈리아 어를 배운 뒤 나는 독학용 책으로 에스파냐 어와 프랑스 어에 몰두했다. 여름이 끝날 무렵에는 에스파냐 어나 프랑스 어 모두 결코 유창한 수준은 못되었지만, 책값이 아깝지는 않을 정도는 되어 있었다. 역전의 일격을 가할 준비가 되었던 것이다.

내가 다닌 학교에서는 다른 언어를 공부하려면 규정상 2년 동안 라틴 어에서 우수한 성적을 거두어야 했다. 라틴 어 과정을 그렇게 수료한 학생들만이 에스파냐 어나 프랑스 어를 선택할 수가 있었다. 내 경우는 라틴 어 수업을 겨우 일 년 들은 데다 점수도 형편없었다. 그런데도 나는 에스파냐 어와 프랑스 어를 둘 다 배우고 싶었다.

그 상황에 딱 맞는 에스파냐 속담이 있다는 것을 그때는 알지 못했다. 하지만 겪고 보니 그 말의 뜻을 알 수 있었다. "규칙이란 적들을 위해 있는 것이다."

우리 학교에서 외국어의 독보적인 권위자는 미첼 선생님으로, 에스파냐 어와 프랑스 어를 가르쳤다. 규칙을 대충 넘기는 법이 없는 꼬장꼬장한 선생님으로 학생들 사이에서 알려져 있었는데 — 사실은 다가서기 어려운 선생님일 뿐인데 — 나는 그런 사실을 모른 채 수업을 신청했다. 모르길 천만다행이었다.

나는 교실로 가서 미첼 선생님께 상담을 요청했다. 외국어에 특별한 흥미를 갖고 있으며 라틴 어를 일 년밖에 배우지 않았고 성적도 좋지 않지만, 에스파냐 어와 프랑스 어를 정말 배우고 싶다고 말씀드렸다.

선생님은 라틴 어 수업 성적표를 보여 달라고 하셨다. 나는 성적표를 갖고 오지는 않았지만 더 적절한 게 있다고, 여름 방학에

에스파냐 어와 프랑스 어 책을 사서 미리 공부를 많이 해 두었다
고 설명했다. 내가 얼마나 열의를 갖고 있는지를 보여 드려 선생
님의 호감을 사고 싶었다.

한 번만 자신의 연기를 보아 달라는 무명 배우의 끈질긴 애원에
태도를 누그러뜨리고 지정된 연기를 시켜 보는 냉정한 연예 기획
자처럼 미첼 선생님은 내게 실력을 발휘해 보라고 하셨다.

나는 회화와 읽기, 쓰기, 암송을 해 보이고 동사 활용을 외우고
심지어 노래도 ── 처음에는 에스파냐 어로, 그 다음은 프랑스 어
로 ── 불렀다. 미첼 선생님은 아무런 내색도 하지 않았지만 나는
주문이 먹혀들었음을 알 수 있었다.

선생님이 말씀하셨다. "이 문제는 교장 선생님과 상의해 봐야겠
다만, 내 생각엔 별 문제 없을 것 같구나. 지금까지 이런 경우는
한 번도 없었단다. 만일 교장 선생님이 허락하신다면 어떤 언어를
배우고 싶니? 에스파냐 어, 아니면 프랑스 어?"

그 순간, 내게 늘 부족했던 협상 수완이 갑자기 발동했다. 배짱
좋게도 "미첼 선생님, 부탁이에요. 둘 다 배우게 해 주세요!"라는
말이 재빨리 튀어나왔던 것이다.

라틴 어 문법에 한 방 맞고 1라운드에 다운이 되어 버린 야심만
만한 권투 선수였던 나는 하루아침에 헤비급 언어의 전교 챔피언
이 되었다.

(잉그리드 버그만에 끌려 노르웨이 어를 배우다)

My Story 나는 고등학교 에스파냐 어와 프랑스 어를 잘 해냈다. 무쇠덩이를 들었다 내렸다 한 사람이 포크를 드는 건 쉬운 일이다. 14살 때 라틴 어 문법같이 복잡한 문법을 열심히 배운다면 그 어떤 언어라도 쉽게 느껴질 것이다. 나는 에스파냐 어와 프랑스 어, 독일어, 이탈리아 어, 노르웨이 어, 네덜란드 어, 스웨덴 어, 루마니아 어, 그리고 이디시 어〔독일어, 히브리어, 슬라브 어가 혼합된 언어로서 히브리 문자로 표기하며 러시아와 중유럽의 유대인들이 쓰는 말〕가 라틴 어 같지 않다는 사실에 고마움을 금할 수가 없다. 중국어와 인도네시아 어는 라틴 어를 공부한 학생들이 문법이라고 생각할 만한 것이 없는 언어라서 항상 특별히 감사해 마지않는다.

에스파냐 어와 프랑스 어, 이탈리아 어, 중국어를 배워 가는 일은 참으로 즐거웠다. 이 때문에 다른 언어를 또 배운다는 것은 생각지도 못하고 있었다. 그러던 어느 날 잉그리드 버그만(1915~1982년. 스웨덴 출신의 영화배우. 대표작으로 〈누구를 위하여 종은 울리나〉, 〈카사블랑카〉 등이 있다. 버그만은 영어식 발음이며 베르히만이 정확한 발음이다)이 출연한 영화를 한 편 보게 되었는데 나는 그야말로 얼이 빠져서 극장을 나왔다. 여성이 그렇게 매력적일 수 있다는 것을 전에는 상상조차 못했다. 나는 곧장 바로 옆에 있던 서점에 들어가서 점원에게 "잉그리드 버그만의 모국어로 씌어진 책을 사고 싶은데요"라고 말했다.

점원은 내게 버그만의 모국어는 스웨덴 어라고 말하면서《휴고의 쉬운 스웨덴 어》한 권을 꺼내 들고 왔다. 책값은 2달러 50센트였는데 내 주머니에는 2달러밖에 없었다.

"이 비슷한 책으로 값이 좀 싼 건 없나요?"라고 나는 물었다.

그는 정말로 그런 책을 가져왔다. 그가 내민 것은 가격이 1달러 50센트밖에 안 되는《휴고의 쉬운 노르웨이 어》라는 책이었다.

"이 말로 그녀에게 말을 걸면 알아들을까요?" 나는 좀 더 싼 노르웨이 어 책을 가리키며 그렇게 물었다. 점원은 그렇다고 하면서 미국 사람이 노르웨이 어로 말을 하면 스웨덴 사람들은 다 알아듣는다고 나를 안심시켰다.

그의 말은 맞았다. 그 뒤 서른 살 때, 나는 잉그리드 버그만의 모국어를 할 줄 안다는 것을 내세워 그녀에게 단독 라디오 인터뷰를 해 주지 않겠느냐는 청을 넣은 적이 있다. 앞에 말한 사건을 이야

기해 주자 그녀는 기뻐했다. 그게 아니어도 그녀는 적어도 짐짓
그런 척해 줄 줄 아는 무척 친절한 사람이자 훌륭한 배우였다.

(러시아 어와
겁 없이 맞장 뜨다)

My Story　　　　　　노스캐롤라이나 대학에 들어가서
나는 원어민을 상대로 그동안 공부했던 유럽 언어들을 실제로 써
볼 수 있는 기회를 처음으로 갖게 되었다. 대학에는 다른 여러 나
라에서 온 학생들이 있었다. 외국 학생들과의 교류의 장이었던 코
즈모폴리턴 클럽은 매주 일요일 오후에 학생 회관에서 모임을 가
졌다. 이 꽃에서 저 꽃으로 꽃가루를 너무 많이 실어, 날거나 윙윙
거릴 수 없을 만큼 무거워질 때까지 쉴 새 없이 날아다니는 한 마
리 벌이 그때의 내 모습이었다.

　4학년이 되었을 때 캠퍼스에 소문이 돌았는데 사실이라면 너무
도 좋을 것 같았다. 소문에 따르면 우리 대학에 러시아 어 강좌가
개설될 예정이라는 것이었다.

47

과연, 소문은 곧 사실로 확인되었다. 역사적 사건이었다. 러시아 어 강좌가 개설되는 것은 노스캐롤라이나 대학에서 (또는, 아마도 남부에 있는 대학을 통틀어) 처음이었다. 또한 누군가 (로마 알파벳을 사용하지 않는다는 뜻으로!) "재미있는 모양새의" 언어라고 했던 러시아 어가 대학의 강좌에 등장한 일 자체가 처음이었던 만큼, 그것은 상징적인 사건이기도 했다.

등록 요건은 매우 까다로웠다. 우선 "평균적인" 언어(에스파냐어, 프랑스 어, 이탈리아 어, 포르투갈 어) 수업을 우수한 성적으로 최소한 2년 이상 이수한 사람이어야 했다. 나는 그런 자격 요건을 갖추었기에 등록을 할 수 있었다.

러시아 어를 배운 첫날은 여러 면에서 학교에 처음 등교한 날 같았다. 나는 이미 독특한 모양새를 가진 언어(중국어)를 배워 본 경험이 있었다. 그러나 러시아 어는 종류가 다르다는 것을 알았다. 에스파냐 어나 노르웨이 어처럼 내가 러시아 어를 정복할 것인가, 아니면 라틴 어처럼 러시아 어가 나를 통째로 삼켜 버릴 것인가?

역마살이 낀 앨라배마 출신의 "호랑이" 티투스 선생이 교실에 들어왔을 때 수업을 듣는 45명의 우리 학생들은 러시아 어를 두고 모두 딴 생각을 하고 있었다. "안녕하세요"라는 의례적인 인사를 뒤로하고 그는 곧바로 교실 앞으로 걸어가서 칠판에 러시아 알파벳(키릴 알파벳)을 적었다.

"모양새도 우스운" 러시아 어 문자들이 하나씩 나타날 때마다 교실의 분위기가 조금씩 가라앉는 것을 느낄 수 있었다. 학칙에 따르면 학생들은 학기가 시작된 지 3일 이내에 수강 신청을 변경할 수 있었다. 알파벳이 반쯤 적혔을 때는 교실에서 나가 버리는 학생들이 생겼다. 호랑이 티투스 선생이 학생들 쪽으로 고개를 돌렸을 때, 앞에 남아 있던 학생들의 수는 처음 교실에 들어왔을 때보다 훨씬 줄어들었다.

"죽는 줄 알았어!" 그날 수업 시간에 도망친 친구 한 명을 나중에 학교 식당에서 만났을 때 녀석이 외쳤던 말이다. "내 평생 러시아 어 알파벳 같은 놈은 처음이야. 걔네들은 왜 B를 v로 발음하고, H를 n으로, y를 u로, p를 r로 발음하는 거야. 그리고 p는 반 잘린 미식축구 골대처럼(Π) 쓴잖아. N을 뒤집어 놓은 게(И) 실제로는 e이고 x의 발음은 뼈가 내리눌릴 때 나는 소리 같잖아. 숫자 61같이 생긴 모음(Ы)이 있질 않나, 내내 날개를 펴고 있는 나비 같이 생긴 자음(Ф)이 있질 않나. 젠장, 망할 놈의 반음 내림표(키릴 문자로 Ь)라도 없든지!"

다음날 대학에서 처음 개설된 러시아 어 강좌의 수강생은 더 이상 45명이 아니었다. 다섯 명이 전부였다.

겁도 없이 버티고 있던 그 다섯 명 중에 나도 있었다.

(발칸으로 떠난 우연한 여행)

My Story   다재다능한 노스캐롤라이나 출신의
작가이자 칼럼니스트이며 애버 가드너(1922~1990년. 미국의 영화
배우. 대표작으로 〈모감보〉, 〈킬리만자로의 눈〉 등이 있다)의 술친구
이기도 한 로버트 루아크는 언젠가 대학가의 주말에 관해 자랑스
레 떠벌린 글에서, 필라델피아에서 시작했는데 걷잡을 수 없이 내
달리다 몬트리올에서 끝을 본 적이 있다고 했다. 나는 그보다 더
했다. 어느 주말에 워싱턴 시 외곽에 대학 미식축구 시합을 갔다
가 6주간 유고슬라비아에 머무는 것으로 끝을 본 적이 있으니 말
이다!

  그 전해 여름, 나는 전국학생연합 전국 대회에 학교 대표로 참
석했다. 전국 대회에서 나는 전국학생연합의 버지니아캐롤라이나

지역 의장으로 선출되었다. 그 뒤 10월에 메릴랜드의 칼리지 파크에서 열린 캐롤라이나와 메릴랜드의 미식축구 시합에 참석했다. 중간 휴식 시간에 핫도그 가판대에서 나와 똑같이 머스터드소스를 찾고 있는 사람이 있었는데, 놀랍게도 전국학생연합 의장 빌 덴처였다.

"어떻게 이럴 수가?" 빌이 말했다. "너를 사흘 동안 찾아다니고 있었단 말이야!"

나는 대규모 행사인 4학년 미식축구 주말 원정 시합 차 와 있다고 설명했다. 그리고 메릴랜드 칼리지 파크는 노스캐롤라이나 채플 힐에서 멀리 떨어진 곳인데다 진행되는 일이 많았다고 해명하고 연락이 안 된 점을 사과했다. "근데 왜 나를 찾고 있었던 거야?" 내가 물었다.

"너를 우리 대표로 유고슬라비아로 파견하려 했거든" 그가 말했다. 나는 좋다고 했다.

"지금은 너무 늦었어" 그가 말했다. "비행기가 뉴욕에서 월요일에 출발하거든. 근데 지금이 벌써 토요일 오후잖아. 국무부는 문을 닫았고. 그러니 여권을 구할 방법이 없단……"

"빌" 하고 나는 말을 끊었다. "나한테 여권이 있어. 채플 힐로 돌아가는 건 문제도 아니잖아. 월요일에 뉴욕에서 비행기를 타는 시간에 맞춰 여권을 가지고 갈 수 있다고."

수요일에 나는 자그레브 평화 회의라는 명칭의 활기 넘치는 티토 선전 축제의 회의에 참석하고 있었다. 그렇게 해서 나는 한 마디만 들어도 중국어보다 훨씬 더 깊은 인상을 주는 세르보크로아티아 어를 처음으로 공부하는 재미에 빠져 들었다!

기쁘게도, 나는 학교에서 배운 러시아 어를 가지고 세르보크로아티아 어 문장들을 다 이해했다. 외국어에도 "족보"가 있다는 것을 그때 알게 되었는데, 그것은 영어를 쓰는 사람들의 머리에 쉽게 떠오르는 개념은 아니다. 영어가 그 사촌들과 그리 많이 닮지 않았기 때문이다. 영어는 게르만 어족의 돌연변이 같은 놈이다. 영어와 가장 근접한 언어는 네덜란드 어라고 한다. 하지만 네덜란드 어와 영어가 그리 많이 닮은 건 아니다.

나는 그 전 여름에 노르웨이 어가 실용적으로 스웨덴 어와 덴마크 어에 가깝다는 것을 알아차린 바 있다. 세르보크로아티아 어는 러시아 어보다 더 "웃기는" 것이, 마치 재즈를 듣는 것 같았다. 서부에 있는 유고슬라비아와 크로아티아, 슬로베니아는 로마 알파벳을 사용하지만 동부 지역인 세르비아는 키릴 알파벳을 사용하는데, 그 문자들은 러시아 어보다 훨씬 더 재미있었다.

전에는 여러 나라 말을 할 줄 아는 사람들을 보면 언제나 모종의 신비감을 느끼곤 했는데 그런 느낌이 퇴색하기 시작했다. 만일 열 개의 언어를 구사하는 어떤 사람을 만난다면 그가 열 가지 언어를 다룬다는 사실에 본능적으로 감명을 받는다. 그러나 나중에 그중 여섯 개가 러시아 어, 체코 어, 슬로바키아 어, 세르보크로아티아 어, 폴란드 어, 그리고 우크라이나 어라는 것을 알게 되면 상황이 달라진다. 그런 사람을 대단치 않게 생각해도 좋다는 건 아니지만, 그가 그 여섯 개 언어들을 배우는 데 걸린 시간은 대략 두세 달 정도였을 것임을 알아야 한다는 말이다! 그 언어들은 모두

슬라브 어족의 일문이니까.

회의를 주최한 유고슬라비아 대학생들 덕분에 집으로 돌아오는 길에는 유고슬라비아 배를 탔다. 배 안에서 나는 16일 내내 다른 승객들을 대상으로 세르보크로아티아 어를 실습했다. 연속해서 8주를 결석하고 학교로 돌아왔을 때 나는 독일어에서도 결코 뒤처지지 않는 실력을 갖게 되었다. 독일어는 중부 유럽에서 널리 쓰이는 언어여서 여행을 하는 동안 독일어를 쓸 일이 아주 많았다. 그 때문에 나는 독일어 수업을 하면서 바다를 떠다닌 것 같았다.

어려운 외국어, 쉬운 외국어

My Story 예금을 하면 이자가 생기듯이 지식을 쌓으면 즐거움이 생긴다. 병리학자는 X선 사진을 보면 어떤 것이 정상이고 어떤 것이 비정상인지 금방 구별할 줄 알기 때문에, 그런 일을 할 수 없는 사람들이 있다는 생각을 하지 않고 지낸다. 나도 그와 마찬가지로 에스파냐 어와 프랑스 어, 또는 폴란드 어와 덴마크 어, 아니면 어떤 언어든지 여하튼 로마 알파벳을 쓰는 언어가 인쇄된 종이를 보고 그 언어들이 서로 다르다는 것조차 모르는 사람들이 있다는 사실이 믿기 어렵다. 그런 사람들은 참 안됐다는 생각이 든다. 쉬운 언어와 어려운 언어를 구별할 수 없으니, 핀란드 어로 씌어진 글을 처음 보았을 때 느낄 크디큰 기쁨을 어찌 알겠는가.

사람들은 핀란드가 세상에 하나뿐인 아름다운 나라라고들 한다. 핀란드를 찾는 관광객들은 핀란드 어에 먼저 매료되곤 한다. 에스토니아 사람이 아니라면 누구에게나 핀란드 어는 완벽하게 낯선 언어이다. 에스토니아 사람이라면 핀란드 어는 반쯤만 낯선 언어일 것이고. 물론 우리 주변에는 "잠깐, 핀란드 어도 헝가리 어의 친척이지!"라고 말하는 잡학박사도 있기 마련이겠지만.

그렇다! 맞는 말이다. 핀란드 어와 헝가리 어, 에스토니아 어는 정말로 모두 피노우그리아 어족에 속한다. 하지만 이 언어들에서 조금이나마 서로 닮은 단어를 찾아보려 해도 여섯 개 찾기도 어려울 것이다. 알아야 면장을 한다고, 외국어를 많이 알아 둘수록 언어와 관련된 농담에 웃을 수 있다. 라스베가스 무대에서 어떤 코미디언이 "있잖아요, 핀란드 어와 헝가리 어는 사촌인데요, 핀란드 어가 모음을 다 뺏어 갔대요!"라고 말한다고 해서 박장대소하거나 하다못해 빙긋 웃기라도 할 관객은 없을 것이다. 하지만, 그두 언어를 나란히 놓고 한 번 쳐다보면 그 정도 유머는 유머 축에도 끼지 않는다는 생각이 들 것이다.

여러분은 명사의 격이 6개 남짓한 라틴 어와 러시아 어를 붙잡고 씨름해 본 경험이 있을지도 모른다. 그런데 핀란드 어는 단수일 때 명사의 격이 15개이고 복수일 때는 16개나 된다! 또 단어의 강세가 모조리 첫째 음절에 있어서 핀란드 어를 들으면 공사용 드릴로 보도블록을 뚫는 소리가 난다.

나는 헬싱키에서 올림픽 경기가 열렸을 때 핀란드에 갔다가 핀란드 어는 도무지 배우지 못할 언어라고 판단했는데, 지금 와서 생각해 보면 그것은 현명한 판단이었다. 챔피언과 맞붙어서 펀치를 주고받고 싶은 마음은 굴뚝같지만, 실력이 될 때까지 기다리기 위해 뒤로 물러나서 냉정을 되찾는 어린 권투 선수의 지혜처럼 말이다. 대신 나는 집으로 돌아오는 배 안에서 좀 더 만만한 적수를 찾아냈다.

당시에는 "유럽행 학생 여객선"이라는 것이 있었는데 여름의 연례행사로 굳어져 있었기에 1950년대에 그 배가 사라졌을 때 사람들이 전혀 애석해하지 않은 것은 뜻밖의 일이었다. 그 배들은 거의 언제나 네덜란드 선박이었는데 믿을 수 없을 만큼 운임이 저렴하고 음식이 넉넉했으며 비좁긴 하지만 깨끗한 객실과 싼 맥주, 그리고 턱수염을 기른 기타 연주자가 있었다. 그는 저녁 식사가 끝나면 관중들을 배의 후미로 끌어 모아 10개국에서 12개국 학생들을 거느린 채 "나는 철도원이었어요"(I've been working on the railroad)라는 곡을 묵직하게 연주하곤 했다. 노래가 있고 심심풀이 연애가 있고 집 떠났다 돌아오는 기쁨이 있고, 그리고 무엇보다 다른 나라 말로 "철도"를 뭐라고 하는지 배울 기회가 있는 학생 여객선에서 맛보던 즐거움을 배를 타면 멀미나 하는 요즘의 젊은 이들은 상상도 할 수 없을 것이다.

로테르담에서는 제복을 입은 내 나이 또래의 네덜란드 비행사들이 배에 올랐다. 미국 공군 기지에서 제트 전투기 훈련을 받기 위해 미국으로 가는 길이었던 그들과 나는 금방 오래된 친구처럼 친해졌다. 배에는 인도네시아 인 말단 직원들이 수십 명(나중에 알게 된 바로는 수백 명)쯤 있는 것 같았다. 인도네시아가 4백 년에 걸쳐 네덜란드의 지배를 받다가 독립한 것이 당시로부터 불과 4년 전이었다. 네덜란드 정부에게 계속 충성하기로 결심한 수천 명의 인도네시아 사람들은 그때 인도네시아를 떠나 네덜란드로 가야 했다. 그래서인지 실제로 배에서 일하는 직원들은 전부 인도네시아 사람들이었다.

한스 반 하스테르트라는 네덜란드 조종사와 이야기를 나누면서 갑판에 앉아 있었을 때의 일이다. 그가 저쪽에 있던 어떤 인도네시아 인을 부르더니 유창한 인도네시아 어로 무언가 말을 했다. 내가 네덜란드 어와 (아주 특별한 방식의) 로맨스에 빠지기 시작한 것은 몇 년 뒤의 일이다. 하지만 인도네시아 어와 나의 로맨스는 한스가 갑판 의자에 앉아 맥주를 주문하던 그 순간에 시작되었다.

내가 이미 외국어에 흠뻑 빠져 있지 않았다면, 아마 바로 그 순간부터 외국어에 흠뻑 빠지게 되었을 것이다. 그때 내게 그것은 흰색 정장을 입은 주인님이 물을 떠 온 심부름꾼에게 완전 "미개의" 말을 하는 장면으로 보였다. 내가 보았던 아프리카를 배경으로 하는 수많은 영화에 나오는 그런 장면 말이다. 그런 말을 하리라고는 상상도 못했던 험프리 보가트〔1899~1957년. 미국의 영화배우. 대표작으로 〈카사블랑카〉, 〈말타의 매〉 등이 있다. 트렌치코트에 중절모를 쓰고 무뚝뚝하면서도 냉소적인 표정이 트레이드 마크였다〕가 본토박이 말로 육감적인 여인을 녹이는 그런 장면이었다.

"그런 말을 어디서 배운 거야?" 나는 물었다. 한스는 수많은 그의 네덜란드 동료들처럼 자바에서 태어났고 아버지가 네덜란드 인이고 어머니는 인도네시아 인이었다. 그는 인도네시아 어를 네덜란드 어와 똑같이 유창하게 구사했다. 나는 그에게 인도네시아 어를 가르쳐 달라고 부탁했다.

그 뒤 뉴욕의 지평선이 보일 때까지 8일 동안 한스는 끈기 있게 인도네시아 어를 가르쳐 주었다. 헤어질 무렵 나는 인도네시아 선원들과 말을 나눌 수 있게 되었다. 우리가 처음 만난 날 한스가 갑판에서 했던 것과 똑같이. 허풍떠는 것처럼 들리지 않을까 싶어 서둘러 짚어 두자면, 인도네시아 어는 어떤 조건도 붙이지 않고, "거의"도 아니고, "가장 쉬운 언어들 중 하나"도 아니고 그야말로 세상에서 가장 쉬운 언어이다. 내 경험으로는 인도네시아 어가 제일 쉬웠다. 문법이 거의 없고 규칙적인데다 간단하다. 인도네시아 어를 배우기 시작하니 그 말은 더 이상 "미개"한 말로 생각되지 않았다. 인도네시아 사람들은 친절하게도 로마 알파벳을 사용하는데, 문자의 수는 영어보다 적지만 아무런 문제없이 생활한다. 게다가 그들의 말은 듣는 순간 매력이 느껴진다. "태양"을 뜻하는 인도네시아 어 단어 마타하리(아시아의 "태양"으로 알려진 유명한 여자 스파이)는 문자 그대로 "한낮(hari)의 눈동자(mata)"를 뜻한다. 단수형 명사를 복수형으로 만들 때 인도네시아 어는 그 명사를 두 번 반복하기만 하면 된다. 예를 들어 "남자"는 오랑(orang)인데 "남자들"은 오랑 오랑(orang orang)이다. 그리고 그걸 쓸 때는 orang이라고 한 번만 쓰고 뒤에 2를 붙인다(orang 2). 마치 대수학에서 지수를 표시하듯 말이다. 유인원의 이름인 "오랑우탄"처럼 들리는 orang hutan은 인도네시아 어로 "숲의 남자"를 뜻하는 말이다.

최고의 적수,
헝가리 어를 만나다

My Story   그 후 4년 동안 나는 새 언어를 배우지 않으려 했다. 어떤 언어건 (한 가지를 제외하고는) 굳이 배우기를 꺼릴 만한 이유는 전혀 없었다. 단지 이미 공부한 언어들 간의 격차가 너무 커서 그 격차를 메우고 싶었다는 게 이유라면 이유였다.

내가 모종의 거리감을 느끼고 있던 그 한 가지 언어는 헝가리 어였다. 언젠가 한번 델라웨어의 레호보스 해변에서 군인들과 여름 주말을 보내게 되었는데 그때 나는 주말에 보려고 미리 우체국 도서관에 가서 헝가리 어 회화책을 빌려 왔다. 책머리에는 "헝가리 어는 세상에서 가장 어려운 언어로서 이 언어를 쓰는 사람은 겨우 천만 명에 불과합니다"라는 무시무시한 경고문이 씌어 있었다. 이러니 결코 다가가지 못할 언어라는 생각이 든 것이다.

그런데 4년 만에 새로 배운 언어가 그 헝가리 어였다.

헝가리가 1956년 소련의 압제에 대항해 봉기를 일으켰을 때, 나는 미 공군의 요청을 받아 안전 대피 작전을 취재하는 기자단에서 일하게 되었다. 미국에 망명하려는 헝가리 난민들을 실어 나르는 작전이었다. 그러나 그렇다고 해서 헝가리 어를 공부하고 싶어진 것은 여전히 아니었다.

아이들은 모두 무적의 광선총을 쏘는 벅 로저스나 슈퍼맨, 배트맨과 같은 공상과학 영화를 보고 자란다. 내 경우엔 "신비한 눈동자"의 잭 암스트롱이 그랬다. 그에게는 손바닥을 모아서 똑바로 뻗기만 하면 주먹이건, 탄환이건, 황소건, 특급 열차건, 그 무엇이건 다가오는 모든 물체를 멈출 수 있는 괴력이 있었는데, 그건 친절한 힌두교인에게 전수받은 것이었다. 예상치 못하지만 기쁨을 가져다주는 그와 비슷한 힘—공격력이건 방어력이건—이 언어를 터득하는 과정에도 따라다닌다. 그 무렵 나는 그런 힘을 느끼기 시작했다.

언어의 힘이
철의 장벽을 부수다

My Story 소련이 헝가리 자유 투사들을 진압하여 난민들이 쏟아져 나오자 오스트리아와 헝가리의 국경 지대에는 수많은 기자들이 모여 들었다. 기자들은 오스트리아 국경 쪽의 적십자 보호소를 방문하여 난민들과 구조 요원들을 인터뷰하고 돌아갔다. 나는 밤에 헝가리로 잠입하여 난민들을 고무보트에 싣고 국경의 운하를 건너는 국제 의용군인 "코만도"의 비밀 그룹에 합류해 달라는 청을 받았다.

난민 작전의 중심지는 오스트리아의 국경 마을 안다우였다. 나는 독일어를 쓰는 지역 경찰에게 난민 본부가 어디 있는지 물어보았다. 성탄절 밤이었는데 날은 어둡고 추웠다. 거리에는 헝가리 국경으로 가는 표를 사라고 소리치는 관광버스 운전사도 없었다.

그 경찰관이 내게 피에크 주점으로 가 보라고 해서 가 보았더니 바텐더가 "19호실입니다"라고 말해 주었다. 영어를 할 줄 아는 사람을 찾지 않고도 내가 이 모든 일을 해낼 수 있었던 것은 물론 외국어 실력 덕분이었지만, 내가 언어의 힘이라고 한 것은 이런 점을 두고 한 말이 아니다. 이제부터 그 이야기를 해 보겠다.

나는 19호실로 올라가서 방문을 두드렸다. "누구세요?" 독특한 영어 억양을 쓰는 목소리가 안에서 소리쳤다.

"저는 미국 신문기자입니다." 나는 큰 소리로 외쳤다. "헝가리 국경으로 가는 걸 도와주신다고 해서요."

그는 욕설을 퍼부으며 문을 열었다. 문이 채 열리기도 전에 "다시는 미국 놈을 국경으로 데려가지 않아"라는 말이 들렸다. "단 한 놈의 미국인도! 너희 개자식들 중 한 놈 때문에 간밤에 우리 모두 잡힐 뻔했단 말이야."

나중에 보니 그는 호쾌한 인상의 금발 머리 젊은이였다. 내가 문을 두드렸을 때 그는 무거운 전투화를 고쳐 신는 중이었다. 나와 서로 얼굴을 마주하자 그는 계속해서 장광설을 늘어놓았다. "그 미국 놈은 손전등, 사진기 플래시, 성냥불까지도 금지되어 있다는 걸 훤히 알고 있었지." 이어서 차마 옮겨 놓을 수 없는 험한 말로 카메라를 갖고 있던 그 미국인이 난민을 태운 고무보트가 강 한가운데 있을 때 약속을 깨고 카메라 플래시를 터뜨렸던 상황을 설명했다. 플래시가 터지면 소련 측에서 탈출 작전이 감행되는 지점을 정확히 알게 된다는 것은 말할 것도 없다. 그는 자기 눈에 흙이 들어가기 전에는 미국인 기자, 아니 다른 어떤 기자라도 작전에 합류시키는 일은 다시는 없을 것이라고, 유창하긴 하지만 모국어는 아닌 영어로 분명히 말했다.

그가 연신 비난을 퍼붓고 있을 때 나는 그의 등 뒤 벽에 노르웨이 국기가 붙어 있는 것을 보았다. "Snakker De norsk?"(노르웨이어 하세요?) 하고 물었다.

그는 말을 멈추더니 잠시 아무 말도 하지 않았다. 그리고는 우스꽝스럽게 사태를 반전시키는 1940년대 할리우드 코미디언처럼 "발이 무척 크군요. 그래도 침대 저쪽에 있는 신발이라면 맞을 것 같은데. 한번 신어 보시죠!"라며 퉁명스럽게 말했다.

우리는 밤새도록 서서 저 멀리 강기슭에 또 한 무리의 난민들이 도착했다는 조짐이 보이기를 기다렸다. 그런 조짐이 보이면 고무 보트를 강물로 밀어 넣고 로프를 풀어 가면서 두 명의 사공이 노를 저어갔다. 보트가 저쪽에 도착하면 네다섯 명의 헝가리 인들을 보트에 태우기 위해 사공 둘 중 한 명이 보트에서 내렸다. 보트에 사람들이 다 타면 남아 있던 한 사람이 로프를 당기고 그러면 우리가 그 로프를 우리 쪽으로 끌어당겼다. 그런 다음 배에 남은 사공이 이번에는 혼자서 다시 노를 저어 강을 건넜고, 난민들이 모두 오스트리아 쪽에 도착할 때까지 같은 과정이 되풀이되었다. 강 건너에 남아 있던 두 번째 사공은 마지막 보트를 타고 되돌아왔다.

우리는 모여든 난민들 틈에서 최소한 1시간에서 1시간 반 정도를 기다려야 했다. 난생 처음 경험하는 지독한 추위였다. 거기다가 들어가서 몸이라도 녹일 만한 곳도 전혀 없었다. 그 자리에 선

채로 기다리는 것이 우리가 할 수 있는 일의 전부였다. 금지되어 있던 것은 불빛만이 아니었다. 말을 하는 것도 금지되었다. 여느 때와 같은 목소리로 말을 하면 그 소리가 꽁꽁 얼어붙은 평지를 달려 놀라운 속도로 저 멀리까지 퍼져 갔다. 그런 까닭에 소련 순찰대에게 우리의 위치를 노출하지 않으려면 말도 하지 말아야 했다. 해도 되는 유일한 행동은 로프를 쥐고 있는 바로 앞, 또는 바로 뒤의 사람에게 귓속말로 속삭이는 것이었다.

나는 그날이 무슨 요일인지 기억해 내려 애썼다. 그날은 목요일이었다. 내가 노스캐롤라이나 그린스보로에서 노르웨이 아가씨 메타 헤이베르그를 여자 대학에서 캐롤라이나 극장까지 데려갔던 때가 불과 며칠 전인 지난 토요일 밤이었다. 그 극장에서 우리는 바로 지금 내가 서 있는 장소가 나오는 기록 영화를 보았다. 오스트리아로 쏟아져 들어오는 헝가리 난민들의 모습을 보면서 메타가 말했었다. "카렌 언니가 저기 어딘가에서 저 사람들을 돕고 있어요"라고. 그게 다였다.

다음날 나는 공군에 합류해서 대서양을 건너오라는 전화를 받았다. 나는 월요일에 비행기에 올랐다. 그리고 여기, 매번 위험한 줄 뻔히 알면서도 자진하여 강 양쪽을 오가는 사공들의 용기에 탄복하고 그들을 기다리면서 꽁꽁 언 몸으로 여기 서 있었다.

마침내 나는 뭐라도 좀 소곤거려야겠다고 생각했다. 내 앞에 서 있던 사람은 추위를 막느라 옷으로 몸을 둘둘 말고 있었기 때문에 여자인지 남자인지 알 수가 없었다. 나는 앞에다 몸을 기대고 "저는 배리 파버고 미국에서 왔습니다"라고 말했다.

여자 목소리가 들려왔다. "저는 카렌 헤이베르그라고 해요. 노르웨이에서 왔어요."

지독하게 추운 날씨와 국경의 긴장감으로 꽁꽁 얼어붙은 상태에서 엄청난 우연의 일치에 놀라서인지 나는 그만 기회를 제대로 활용하지 못했다. 어색한 말투로 "5일 전에 제가 노스캐롤라이나 그린스보로에서 당신 동생 메타를 캐롤라이나 극장에 데려갔었는데……"라는 말만 겨우 내뱉었을 뿐이다.

그 말을 듣고 카렌은 화들짝 놀랐다. 이제와 후회해도 소용없지만 "당신이 왜 올라프 삼촌에게 편지하지 않는지 알아오라고 동생이 나를 여기 보낸 거랍니다!"라는 말을 재빨리 덧붙였더라면 좋았을 것을.

우여곡절 끝에
헝가리 어와 결혼하다

My Story   아무 생각 없이 새로운 언어를 공부
하기 시작하는 경우는 없다. 그러나 새로운 언어를 공부하기로 결
심하는 것은 남자가 재즈가 흐르는 레스토랑에서 포도주를 곁들
인 저녁 식사를 마치고 나서 여자 친구에게 청혼을 하는 것만큼
심각한 일은 아니다. 그것은 터키 국왕이 부인을 한 사람 더 맞이
하는 것과 같은 일이다. 그건 정말 결혼과 같다. "나는 해낼 거
야!"라는 생각이 정말로 솟구쳐 오른다. 그리고 보통 때 같으면 다
른 곳에 투여했을 시간과 노력을 거기에 쓰기로 결심하게 된다.

    헝가리 어는 절대 배우지 않겠다던 나의 맹세를 산산이 부숴 버
린 것은 헝가리 사람들의 영웅적인 행동, 이를 진압하려는 소련의
탱크, 헝가리 난민들이 그린스보로에 정착하는 것을 돕겠다는 마

음이었다. 역사가 지나간 뒤 그 자리에 오랫동안 머문 기자는 비단 나만이 아니었다. 내가 아는 한, 헝가리 혁명에 조금이라도 개입했던 기자들은 모두 그 혁명에 애착을 가졌다.

나는 미국행이 결정된 헝가리 난민들의 임시 캠프가 있던 뮌헨에서 헝가리 어 공부를 시작했다. 꽃을 찾는 벌처럼 난민들 사이를 분주히 왔다 갔다 하면서 할 수 있는 한, 많은 단어와 구문들을 듣고 적어 나갔다.

미 공군이 헝가리 난민들에게 루이트폴 막사를 내주자, 그들은 즉시 모든 문에 붙어 있던 영어 문패 위에다 자신들의 문패를 정확히 덮어씌웠다. "의사"라고 씌어진 문은 갑자기 "Orvos"가 되었다. "의류"라고 씌어진 문은 "Ruha"가 되었다. 다른 것들도 마찬가지였다. 루이트폴의 미국인과 독일인 가운데, 그런 상황을 귀찮아하지 않았던 사람들이야말로 진정한 언어 애호가라고 굳게 믿는다.

헝가리 사람들이 루이트폴의 모든 문에 새 문패를 붙인 일 때문에, 나는 정말 폭발적인 언어 학습에서 얻은 엄청난 쾌감을 맛보았다. 남자 숙소를 찾으러 갔다가 난생 처음 어디로 가야할지 모르는 상황에 부닥쳤다. 문에 적힌 문자가 프랑스 어 "Mesdames"(숙녀)과 "Messieurs"(신사), 또는 독일어 "Damen"(숙녀)과 "Herren"(신사), 에스파냐 어 "Señoras"(숙녀)와 "Señores"(신사) 아니 그것도 아니라면 목가풍의 노르웨이 어 "Kvinnor"(숙녀)와 "Menn"(신사)만 되었더라도 독학 학습서 같은 것은 필요 없었을 것이다.

하지만 루이트폴에서는 그런 행운이 오지 않았다. 두 개의 문에는 "Nők"와 "Férfiak"라는 문패가 붙어 있었다. 나는 뭐가 뭔지 가능한 빨리 해독해야 한다는 실용적인 필요 때문에 언어를 사랑하는 내 열정이 흔들리지 않도록 애쓰면서 그 두 단어를 쳐다보았다.

이런 생각이 들었다. 두 단어의 끝에 있는 k는 아마도 복수형 어미일 것이다. 그렇다면 Nő와 Férfia, 아니면 Férfi가 남는다. 불현듯 헝가리 어는 어원으로 볼 때 유럽 어가 아니라는 글을 읽었던 기억이 났다. 헝가리 어는 아시아권 언어에 속했다. "여자", "숙녀" 또는 암컷을 뜻하는 중국어 단어는 '女'였다. '노'도 아니고 '누'도 아닌, 거의 언제나 외국어 위에 찍힌 두 개의 점으로 상징되는 정확한 움라우트 발음이다.

그런 직감에 따라 나는 "Férfiak"라고 적힌 문으로 들어갔다. 다음 순간, 이전의 내가 남자 방에 들어갔을 때와는 비할 바 없이 기분이 좋았다. 문 안으로 들어갔더니 다행히도, 그리고 흡족하게도 대여섯 명의 férfiak가 있었다!

미국으로 돌아온 뒤 나는 헝가리 어 공부에 도움이 될 책과 레코드판(당시에는 카세트테이프가 없었다)을 찾아다녔다. 그러나 아무것도 구하지 못했다. 공산주의의 지배가 헝가리와 서방을 얼마나 완벽하게 차단했던지, 헝가리 어 서적을 구하러 아무리 큰 서점에 가도 진열된 책들 속에 헝가리 어 책은 없었고, 알파벳 순서로 히브리 어 책 다음에는 바로 인도네시아 어 책이 꽂혀 있었다. 겨우 하나 찾은 것이 헝가리 어-영어 회화책이었는데, 파프리카스웨이스라는 헝가리 식품 판매점에서 펴낸 책이었다. 1930년대에 줄지어 미국에 온 수많은 헝가리 이민자들이 자신들만의 작은 회화책을 펴낸 것인데, 그 책의 특징이라면 난민을 상대로 활동하는 우리 같은 사람들이 실제로 사용하는 어구는 단 하나도 들어 있지 않다는 것이었다. 그 책에 들어 있는 문장은 "Almomban egy betóróvel viaskodtom" 같은 것이었는데 그 뜻은 "꿈에서 나는 강도와 싸웠어요!"였다.

전시에 공급이 수요에 한참 못 미치는 보급품처럼 마침내 그런대로 괜찮은 수준의 영어-헝가리 어/헝가리 어-영어 사전이 몇 개 들어왔는데 아직 문법책은 전혀 없었고 사전들뿐이었다. 빌흐잘무르 스테판손[1879~1962년. 캐나다의 탐험가]은 언젠가 그린란드에 갔다가 인간이 18개월 동안 고기만 먹고도 살 수 있다는 것을 증명해 보였다. 나는 영어를 전혀 모르는 대여섯 명의 헝가리 난민들을 노스캐롤라이나의 그린스보로에 정착시키고 그들에게 필요한 모든 것을 살펴 주는 일을 사전만 가지고도 할 수 있으며 문법을 하나도 몰라도 큰 재미를 느낄 수 있다는 것을 증명해 보였다!

헝가리 어는 세계에서 문법이 가장 복잡한 언어들 중 하나이다. 하지만 문법이라는 것은 고전 음악이나 엄격한 식사 예법 같은 것이다. 그런 것들이 없어도 살아가는 데는 전혀 지장이 없다. 모르는 사람을 깜짝 놀라게 하고 아이들이 겁을 먹어도 개의치 않는다면, 그리고 다른 사람들에게 천방지축으로 보여도 상관없다면 말이다. 우리로서는 선택의 여지가 없었다. 우리는 집과 직업, 가진

돈, 운전면허 소지 여부, 아이들의 교육 등에 관해 헝가리 사람들과 꼭 이야기를 나누어야 했다.

예를 들어 "내일 우리는 정육점에 갈 겁니다"라는 정도의 문장을 헝가리 어로 할 때는 39개의 문법적 어형 변화를 해야 하지만 우리는 그런 것 없이 그 말을 해야 했다. "내일 고기 사람에게 갑니다." 이렇게 핵심적인 단어들을 옮기는 것 외에는 별 도리가 없었다. "여성 자선 사업가가 당신들을 돕기 위해 필요한 가구를 가지고 여기 들를 것입니다"라는 말은 "좋은 숙녀 옵니다. 곧 책상 의자 줍니다"가 되었다.

나는 헝가리 어를 유창하게, 또한 엉망으로 익혔다. 수년 뒤에 나는 헝가리 어를 다시 찾아 정확하게, 그리고 문법적으로 올바르게 공부하기로 결심했다. 마치 라틴 어 수업에 복귀한 것과 좀 비슷한 면이 있지만 이번에는 자세가 되어 있었다.

새로운 언어 친구들

My Story 이후 35년 동안 나는 새로운 언어를 배우려 하지 않았다. 그때까지 내가 공부한 언어는 에스파냐 어, 프랑스 어, 이탈리아 어, 독일어, 포르투갈 어, 네덜란드 어, 노르웨이 어, 덴마크 어, 스웨덴 어, 러시아 어, 세르보크로아티아 어, 중국어(만다린 어), 인도네시아 어, 헝가리 어, 핀란드 어, 이디시 어와 히브리 어였다. 나는 다른 모든 언어들에 귀를 막고 이 언어들을 능숙하게 구사할 수 있도록 하는 데 전념했고 그것으로 행복했다.

그리스 어에 도전해 볼 마음이 생기기도 했다. 매일같이 오가는 길에서 갑자기 나타나곤 했던 수많은 그리스 인들이 나의 회화 실습 대상이 될 수 있었던 것이다. 하지만 나는 "고맙지만 더 이상의 언어는 필요 없답니다!"라는 생각을 고수하고 있었다. 그것은 잘못된 것이었고 사실상 바보 같은 짓이었다. 마치 웨이터가 시간을 물어보는 손님에게 팔짱을 끼고 선 채 "미안합니다. 제 담당이 아닌데요!"라고 무뚝뚝하게 대답하는 격이었다.

그리스 커피숍에 갈 때마다 쉽고 유익하게 몇몇 단어와 문구들을 골라 낼 수 있었을 것이고 그러면서 또 하나의 주요한 언어를 배울 수 있었을 것이다. 그런데도 나는 그렇게 하지 않았다. 그런데 1980년대가 되자 내가 살던 뉴욕으로 세계 곳곳에서 이민자들이 물밀듯이 들어오기 시작했다. 그에 따라 에스파냐 어, 중국어, 이탈리아 어, 이디시 어, 포르투갈 어, 그리스 어, 폴란드 어, 히브리 어 등으로 채워진 언어의 목록에 힌디 어, 우르두 어〔힌디 어와 우르두 어에 대해서는 이 책 217쪽을 보라〕, 페르시아 어, 벵골 어, 트위 어, 판티 어, 월로프 어, 알바니아 어 등이 추가되었다.✻

벵골 어는 방글라데시와 인도의 서벵골 지역에서 쓰이는 말이다. 인도의 여러 언어 가운데 최초로 소설, 희곡 등 서양의 문학 양식을 받아들였다.
트위 어와 판티 어는 아프리카의 가나와 기니, 코트디부아르 등에서 쓰이는 말이다.
월로프 어는 세네갈에서 쓰이는 말이다. 월로프는 14~16세기 세네갈 내지를 통치한 국가 이름이다.

나는 더 이상 새로운 언어를 배우지 않겠다는 그간의 입장을 버렸다. 지금은 오히려 그 언어들을 모두 배우고 싶은 마음이다. 완벽하게는 아니어도, 인도나 아프리카에서 온 택시 운전자가 자기 언어를 배우려 애쓰는 미국인을 난생 처음 보고서 가슴 벅차할 정도면 충분할 것이다.

How to learn any language

2 The System

warming up
외국어 학습의 다섯 가지 거짓말

"내가 써 버린 시간들을 모두 찾아 다시 한 번 쓸 수 있다면 얼마나 좋을까." 언젠가 어떤 현명한 사람이 한 말이다. 나를 보고 다른 사람들은 약 25개 언어를 정말 유창하게 구사할 줄 아는 사람이라고 생각할 것이다. 그렇지만 나는 언어를 공부하느라 수많은 시간을 쏟았지만 공부에 바친 그 많은 시간에 비해 내가 보여 줄 것이 얼마나 적은지를 알고 있는 사람일 뿐이다.

만일 시간을 되돌려 모든 것을 다시 할 수 있다면, 그때 내가 했던 방법을 취하고 싶지는 않다. 지금 내가 하고 있는 방식, 이 책에서 자세히 제시할 방식으로 공부할 것이다. 이제야 나는 제대로 된 방법을 정리하게 되었다. 그러니 언어 학습에 들이는 시간과 돈을 정말 최대한 줄이고 싶다면 이 방식으로 공부를 시작해야 할 것이다.

내가 언어를 어떻게 공부해야 하는지 안다고 생각했던 시절, 소중하게 여겼던 몇 가지 통념들이 있다. 하지만 지금 나는 다른 사람들이 그런 것에 조금이라도 현혹당하기 전에 얼른 짓뭉개 버리고 싶은 심정이다.

첫 번째 거짓말
산책을 하면서 노랫말을 외우듯 외국어를 익힐 거야

대단한 환상이다. 전혀 통하지 않는 방법이다. 버튼만 누르면 원하는 단어나 문장이 튀어나오는 외국어 자동판매기를 꿈꾸는 것과 매한가지다. 한가롭게 들으면서 외국어를 배울 수 있다고 기대하는 것은 헬스클럽에 다닌답시고 사우나에서 당근 주스나 쭉쭉 빨면서 "운동한다"고 떠벌리는 것으로 멋진 몸매가 만들어질 거라고 기대하는 것과 같다.

카세트테이프에 들어 있는 내용을 철저히 공부해야 하고, 나오는 단어마다 붙들고 늘어져야 한다. 외우고 복습하고 완전히 익혀야 하는 것이다. 그런 다음 우리말을 듣고 외국어로 옮기는 연습을 통해, 익힌 내용을 계속해서 확인해 보아야 한다.

언어 학습을 열대 해변에 누워 따뜻한 파도에 자신을 맡기는 것과 비슷하게 생각하는 모든 환상을 깨야 한다. 대신 카세트테이프를 들으면서 자신이 TV 퀴즈쇼에 나왔다고 상상해 보자. 우리말 한 조각이 들리면 마음속으로 "자, 이번엔 천 달러가 걸렸어. 어서 말해 봐. 외국어로 이 말을 뭐라고 하지?" 하고 물어보는 거다.

두 번째 거짓말
공부 시간? 하루 이틀 정도는 건너뛸 수 있어

완전히 자습용 어학 학습기 광고 문구 같은 말이다. 외국어는 적군과 공통점이 많다. 쉴 틈을 주지 말아야 한다. 적들이 다시 전열을 갖추어 나의 공격을 물리칠 새로운 방법을 궁리해 내지 못하도록 해야 한다. 공격의 리듬을 유지해야 하고, 공격의 기세를 늦추지 말아야 한다. 엄격한 훈련 과정으로 짜인 계획을 세우게 되면 열심히 공부에 임하게 되고 새로운 힘과 의욕에 고취될 것이 분명하다.

세 번째 거짓말
어려운 부분은 그냥 넘어갔다가 나중에 다시 보면 돼

외국어마다 장벽은 있게 마련이다. 러시아 어의 수에 따른 어형 변화. 로망스 어 계통의 가정법. 독일어의 이중 부정사. 세르보크로아티아 어의 전접어〔자체에 악센트가 없고 바로 앞의 말의 일부처럼 발음되는 말〕. 핀란드 어의 명사의 격. 거의 모든 언어에는 오르기 힘든 산이 있다. 그렇다고 그 주위를 어슬렁거려서는 안 된다. **중요한 건 그 산에 올라야 하는 것**이다! 한 번에 한 걸음씩 걸어 보자. 어렵다는 핑계로 피하고 구미에 맞는 부분들만 공부하고 싶은 유혹이 생기겠지만 결코 그런 유혹에 굴복해선 안 된다.

힘들어 보이겠지만 배우기로 작정한 외국어의 알파벳 이름을 외우고 문법 용어들도 외워야 한다. 그러면 원어민에게 어떤 단어의 철자를 물어볼 때 그 외국어로 물어볼 수 있게 된다. 원어민에게 이 동사의 과거 시제를 묻거나 저 명사의 부정형 복수를 물어볼 때 그 외국어로 질문을 하라는 것이다.

네 번째 거짓말

 원어민도 아닌데 억양이나 발음은 대충하지 뭐

옷을 형편없이 입고 공개석상에 나갔다고 해서 경범죄로 체포되는 사람은 없다. 하지만 다른 한편으로, 옷에 신경을 쓰지 않는 사람은 사람들 앞에 나서서도 깊은 인상을 심어 주지는 못할 것이다. 정확한 억양을 구사하는 것은 이와 같다. 외국어를 배우는 고생길로 들어선 이상, 별도의 비용이 드는 것도 아닌데 본래의 억양을 똑같이 따라하지 않을 이유가 어디 있겠는가.

억양이 엉망이어도 자신이 원하는 바를 이룰 수는 있을 것이다. 하지만 억양이 훌륭하다면 훨씬 더 많은 것을 얻을 수 있다.

외국인의 말투를 흉내 내어 자기 나라 농담을 할 수 있다면, 외국어로 말을 할 때도 그렇게 할 수 있다. 일단 한 번 해 보고 나서 할 수 있는지 없는지를 말해 보자. 많은 사람들이 한 번 해 보지도 않고서 무턱대고 자신들은 원어민의 말투를 따라할 수 없다고 믿고 있다. 우리는 외국인을 놀리는 것은 무례한 행동이라고 배웠다. 이제 어린 시절의 그런 예절은 잊어버리자. 외국어를 배울 때는 할 수 있는 한, 효과적으로 외국인의 말투를 "가지고 놀아 보자."

외국어의 "영아기"는 자기가 말하고자 하는 바를 제대로 전달할 수 없는 부정확한 단어들로 불완전한 문장들을 더듬더듬 만드는 법을 배우는 시기이다. "유아기"가 되면 몇 가지 문장들을 완전하게 말할 줄 알게 되고 정확한 단어를 많이 사용하게 된다. "아동기"가 되면 에스토니아의 르네상스기 유리 세공을 논할 수 있는 수준은 못 되어도 밥, 발, 바다, 바람 따위의 여러 개념들을 좀 더 능숙하게 다룰 수 있다.

"성인기"는 그야말로 무엇이든 다 논할 줄 알게 되지만 모국어의 억양만은 남아 있는 시기이다. "중년기"가 되면 발음이나 억양 모두 손색이 없는 언어를 구사하게 된다. 언어를 꾸준히 공부하기는 하지만 "외국인을 흉내 내어" 자신의 말투를 정확한 억양에 근접시키려 노력하지는 않는 사람들의 외국어를 듣고 짜증이 난다면, 여러분은 언어의 "중년기"에 접어든 셈이다.

    부분적일지라도 성공을 거둔다면 즐거워하자. 나는 노르웨이 사람이 나를 핀란드 사람으로 알 만큼 내가 스웨덴 어를 잘 한다는 것을 알게 된 순간 하늘을 나는 듯 기뻤다. 이탈리아 사람이 나를 체코 사람으로 알 만큼 내가 세르보크로아티아 어를 잘 한다는 것을 알게 된 순간 신바람이 절로 났다.

다섯 번째 거짓말
"외국어를 할 줄 안다"고 말할 때가 있다?

    미안하지만, 그런 때는 절대 없다. 언어를 배운다는 것은 미지의 부분을 잠식해 가는 과정이다. 언제쯤 되면 "말을 할 줄 안다"고 말할 수 있을까? 뉴욕의 유명한 안과 의사인 피터 할버그는 어떤 언어를 할 줄 안다고 말할 수 있으려면, 자신이 그 언어로 의학 강의를 하고 동료들의 질문에 답할 수 있을 정도가 되어야 한다고 했다. 그런 기준으로 볼 때 그가 구사하는 언어는 겨우 5개 국어에 불과하다!

    내 기준은 좀 덜 엄격하다. 나는 내가 공부하는 외국어를 모국어로 쓰는 매력적인 여성과 심도 깊은 대화를 나눈 다음날 아침, 그 여성과 어떤 나라 말로 얘기를 나누었는지 잘 기억나지 않는다면 "말을 할 줄 안다"고 스스로 인정할 것이다.

내가 설립한 랭귀지 클럽에는 귀중한 지침이 있다. 누군가 클럽 회원에게 "몇 개 국어를 할 줄 아세요?"라고 물으면 오직 한 가지 확실한 대답, "하나죠. 우리 나라 말이요"라고 대답한다. 그런 다음 그 "하나"라는 말이 상대방의 마음에 새겨지고 나면 "하지만, 저는 무슨 무슨 외국어를 배우고 있답니다"라는 말을 덧붙여서 자신이 얼마나 많은 외국어들을 좋아하는지 말한다는 것이다.

"이런저런 나라 말 할 줄 아세요?"라고 물으면 회원들은 모두 옅은 미소를 지으며 그저 "예, 조금이요"라고 대답한다. "예, 이런 저런 말 할 줄 알아요"라고 했다가 사람들이 실망하게 되는 것보다, "조금이요"라고 했는데 실은 엄청난 실력으로 드러나는 편이 훨씬 낫지 않겠는가.

혼하지 않은 외국어인 인도네시아 어를 배우고 있다 치자. 그런데 놀랍게도(또한 반갑게도) 저녁 식사에 초대를 받아서 갔더니 손님들 중 한 사람이 인도네시아 사람이다. 뜻밖의 행운에 비명을 지르고 싶은 마음은 억눌러야 한다. 우선 인도네시아 어를 전혀 모르는 것처럼 행동하자. "만나서 반가워요"라는 말조차 인도네시아 어로 해서는 안 된다. 때가 올 것이다. 시간이 한참 흘러 적절한 때 "그걸 자카르타 상인들 말로는 ……" 하고 운을 뗄 때 보라. 그런 다음 할 수 있는 한 재미있게 이야기를 해 보라. 물론 인도네시아 어로.

정말로 인도네시아 어를 할 줄 알면서도 그렇게 오래도록 자신을 과시하지 않았다는 사실만으로도 당신은 진정 품격 높은 사람이 된다. 새로 알게 된 인도네시아 친구와 대화를 나누려고 할 때는 예상치 못한 말에 일격을 당하지 않도록 조심해야 한다. 그리고 주의를 끌려는 것처럼 보이지 않게 목소리를 낮추고서 드디어 입을 열어 그날 저녁 봇물처럼 터져 나올 인도네시아 어의 물꼬를 틔워 보는 거다.

문법과 화해하자

우리는 외국어는 배우기 어려운 것이라 믿으면서 자랐다. 하지만 어려운 일이 아니다! 학교의 어학 교육이 최근까지 정말 분통터지도록 지루하고 공부하는 보람을 느낄 수 없는 방식으로 이루어져 왔기 때문에 어렵게 여겨지는 것뿐이다.

다시 한 번 단언하자면, 교실에서 배우는 문법이라는 것은 일종의 장애물 코스 같아서 아이들은 그 장애물을 넘다가 과거 완료와 가정법 사이 어디쯤에서 엎어져 숨이 막혀 버린다. 옛날식으로 문법을 공략하려 하면 결과는 뻔하다. 곧이곧대로, 규칙이 하나씩 나오고, 그 다음 예외가 또 하나씩 나오는 문법 수업은 공부하는 재미도, 조금씩 나아가고 있다는 즐거움도 전혀 주지 못한다.

문법은 당연히 배워야 한다. 그러나 전혀 고통 없이 문법을 정복하게 될 것이다. 여러분은 만화에 나오는 유령처럼 문법이라는 두꺼운 벽을 뚫고 둥둥 떠다니면서 언어 여행을 하게 될 것이다. 뒤돌아볼 때마다 벽은 점점 낮아지고 얇아질 것이며 벽에 난 구멍

이 점점 넓어지다가 벽을 다 집어삼키고, 마침내 벽 전체가 사라지게 될 것이다. 수세기에 걸친 통념과는 반대로, 문법을 정복해야만 외국어를 손에 넣을 수 있는 것이 아니다. 외국어를 정복하라. 그러면 문법이 손에 들어올 것이다!

나는 오래전부터 구태의연한 정통 문법학자들을 전범 재판에 회부하는 공상을 즐기곤 했다. 구체적인 죄목은 외국어를 마음대로 구사하는 재미를 말살한 것이다. 그들의 변론은 예상할 수 있다. "흥, 무슨 헛소리. 탄탄한 문법적 기초 없이 외국어에 몰두하여 회화를 하고 암송을 하고, 심지어 능수능란하게 다룬다는 건 불가능해!"

문법의 중요성을 주장한다는 점에서는 그 말이 맞다. 그러나 무슨 신고식을 치르는 것처럼 문법을 제일 먼저 해야만 한다고 누가 그랬나? 외국어를 배우겠다는 열정을 문법이라는 축축하고 차가운 담요로 칭칭 감아서 사라져 버리게 해야 한다는 말이 도대체 어디에 씌어 있는가? (문제는 열정, 바로 그것이다. 문법으로 되는 일이 아니다.)

그게 전부다! 그걸로 충분하다!

여섯 살짜리 미국 아이는 문법이라는 말이 무슨 뜻인지 모르지만, "He does"라고 말해야지 "He do"라고 말하면 안 된다는 것을 안다. 어떻게 알겠는가? "He do"라는 말은 그냥 틀린 말로 들리는 것이다.

그게 전부다! 또한 그걸로 충분하다!

몇 년 뒤에 그 아이는 현재 시제일 때 영어 동사는 3인칭을 제외한 다른 모든 인칭은 복수나 단수에 상관없이 동사의 원형을 쓰지만 3인칭만은 동사 원형에 s나 es를 붙인다는 것을 배울 것이다.

문법을 알아야만 문법에 잘 따르게 되는 것이 아니다. 처음부터 문법을 잘 따르면 나중에 문법이 달리 보일 것이다. 한참 뒤에 문법 사항을 되돌아보며 내가 이미 쓰고 있는 어법을 왜 그렇게 쓸 수밖에 없는지 깨닫게 될 때가 있다. 그때 문법 규칙들은 더 이상 당신의 경험과는 상관없는 고문 도구가 아니다. 오히려 오랜만에 만나 주소와 전화번호를 알게 된 옛 친구처럼 정겨운 느낌이 들 것이다.

문법 규칙이 앞에 설명되어 있고 그 뒤에 두세 가지 빈약한 예문이 따라 붙어 있는 교과서를 보면 학생들은 일부러 몸에 해로운 것만 골라 만든 덩어리들이 머리로 쏟아지는 기분이 들 것이다.

하지만 언어를 어느 정도 체득한 다음 문법 규칙들을 대하면 그것은 정신이 번쩍 들게 하는 반가운 섬광이 되어 입가엔 미소가 돌고 "왜 그런 식으로 말하는지 이제야 알 것 같네"라는 말이 절로 나오게 될 것이다.

그러므로 이제 "'가다'라는 프랑스 어 단어가 왜 이 문장에서는 'vais'인데 바로 다음 문장에서는 'aller'가 되지?"라고 묻거나 주춤거리지 말자. 그냥 둘 다 맞는 문장이라고 믿고 그 문장들을 외우면 된다. 엄한 가톨릭계 학교에 다니는 아이들이 교리 문답을 외우듯이 말이다.

문법이라는 폭풍에 흔들릴수록 그러한 믿음을 더욱 단단히 끌어안아야 한다. 분명히 말하지만, 알 수 없을 것 같은 그 모든 문법들이 결국은 다 명쾌해질 것이다. 그것도 이승에서. 그걸 이해하려다 저승 갈 일은 없다.

"내가 누구를 속이겠어? 그들은 언제나 내가 외국인이라는 걸알 거야. 내가 실수를 해도 용서해 줄 거란 말이지. 그러니까 그런모든 규칙들은 잊어버리자. 그럭저럭 하기만 하면 되는 거지. 단어와 어구 몇 개만 있으면 되니까 내가 어떻게 하든 간섭하지 마. 그들이 알아듣기만 하면 된다고!" 하고 생각하기 쉽다.

이런 태도를 경계하자. 다른 언어를 배울 때 여러분은 그 나라사람들에게 자기 민족의 문화를 배우는 영광스런 연수생이 된다. 하류 문화와 상류 문화 중 어떤 쪽을 선택하겠는가? 언어를 바르게 배운다는 것은 (결국은) 문법을 정복한다는 뜻이다. 남는 시간에 잠깐 집중하여 장군이 될 수 있는데, 졸병에 머무르려는 바보같은 짓은 하지 말아야 할 것이다.

이런 식으로 한 번 보자. 마라톤에서는 지쳐 비틀거리거나 쓰러지면 완주하기 어렵다. 문법은 그런 마라톤이 아니다. 문법은 자기 땅 위에 짓는 웅장한 건물이다. 그런데 한꺼번에 그 건물을 다지을 필요는 없다. 정해진 공부 시간에 문법책의 처음 5장을 한 번끝내 보자. 그런 다음, 문법은 물론 읽기나 회화, 독해 등을 공부하고 현지 외국어를 접하다 보면 실력이 향상될 것이다.

러시아 어와 핀란드 어, 헝가리 어, 그리고 좀 시시하게는 독일어까지 여러 복잡한 문법들을 붙잡고 씨름할 때, 나는 그 옛날 그들이 유랑하는 종족이었던 시절의 모습을 그려 보았다. 부족의 연장자들이 장작불 주위에 둘러앉아 주술사의 경고를 듣고 있다. "20세기 중반에 미국이라 불릴 땅에서 파버 가문에 한 아이가 태어날 것이다. 그 아이는 우리말을 배우려 할 것이다. 지금 우리말은 너무 쉽다. 그러니 다시 돌아가 문법을 좀 더 많이 만들어 가지고 오라. 명사 어미들의 진흙탕에 빠져 녀석이 옴짝달싹 못하도록 만들어라. 동사의 가시들로 얼굴을 아프게 찔러라. 규칙에는 예외를 두어 녀석의 등을 후려치고 완료형 변화와 부정어 변화에 머리카락이 걸려 빠지지 못하게 만들어라."

"서둘러라!" 주술사들은 이렇게 말을 맺었다. "쓸 수 있는 시간이 백 년도 남지 않았다. 지금 바로 들어가서 우리말을 뒤섞어 버려라. 그 바보 같은 녀석이 절대로 이해하지 못하도록!"

문법을 알면 외국어 공부가 즐거워진다

자, 이제 어른스러운 마음으로 화해를 하자. 사람들이 배우지 못하도록 기를 쓰고 어려워지려는 언어는 분명 없다. 배우고자 하는 언어에 골치 아픈 어떤 규칙이 있더라도 그 언어는 자연스럽고도 유기적으로 형성된 것이다. 문법은 변한다. 하지만 그 변화는 매우 서서히 진행되므로 걱정할 필요는 전혀 없을 것이다. 미소를 머금으며 문법에 손을 내밀어 보자. 이해가 되는 것은 받아들여

기억하고 혼란스러운 것은 몇 번이고 자꾸 되돌아보자. 도저히 이해할 수 없을 것 같이 생각되면 혼란스러운 수준이 될 때까지라도 재삼재사 되돌아보자. 결국은 명료해질 것이다. 또, 문법이라는 저 완강한 요새를 끊임없이 공략하는 동안 여러분의 외국어 구사력은 몰라보게 좋아지게 될 것이다.

솔직한 말로, 나는 문법에 재미를 붙이자 공부가 즐거워졌다. 제대로 접근하기만 하면 문법은 외국어 정복의 길을 보여 주는 지도도 되고 외국어 정복에 빠르게 날아오르는 로켓도 된다.

어린아이는 길에서 화석을 봐도 그냥 차 버리거나 호수에 던져 버릴지도 모르지만, 고생물학자는 그 화석에서 생명이 깃들었던 황홀한 흔적을 찾아 낼 수 있다. 마찬가지로 다양한 언어의 문법은 재미있기도 하고 비교하고 연구하는 묘미가 있지만 언어학자가 아닌 사람들은 그 경이로움을 결코 알지 못한다.

예를 들어, 독일어의 경우 결혼하기 전까지 여자는 여성이 아니다. "소녀"(Mädchen)와 "처녀"(Fräulein)는 둘 다 중성이다. 러시아 어에서 동사의 과거 시제는 형용사같이 변화한다. 즉, 동사가 으레 그렇듯 인칭과 수에 따라 형태가 변하는 것이 아니라 형용사처럼 성과 수에 따라 변한다. 노르웨이 어와 덴마크 어, 스웨덴 어에서는 정관사가 명사의 뒤에 오면서 명사에 붙어 버린다. 따라서 영어로 "a field"는 노르웨이 어로 en mark지만 "The field"는 marken이다. 스칸디나비아 언어들과는 아무런 관계도 없는 루마니아 어와 알바니아 어 역시 이와 같다.

핀란드 어에서 "않다/아니다"에 해당되는 단어는 동사이다. (적어도 동사처럼 군다.) 핀란드 어는 세상에서 유일하게 부정어의 어미가 변화하는 언어이다. 동사가 변화하는 다른 모든 언어에서 동사의 형태는 인칭과 수에 따라 변화하고 긍정문과 부정문의 형태가 다르지 않다. 예를 들어, 에스파냐 어의 경우 "원하다"를 뜻하는 동사는 나는 원한다(yo quiero), 너는 원한다(tu quieres), 그는 원한다(el quiere)는 식으로 변화한다. "원하지 않는다"라고 말하려면 동사의 형태는 그대로 두고 "않다"에 해당되는 단어인 no를 동사 앞에 붙이면 된다(yo no quiero, tu no quieres, el no quiere).

여러 언어들을 알고 있는 사람에게는 정말 믿거나 말거나 식의 말로 들릴지 모르지만 핀란드 어에서는 "않다"에 해당되는 단어가 변화를 한다! 예를 들어, "나는 원한다", "너는 원한다", "그는 원한다"를 핀란드 어로 하면 (minä) haluan, (sinä) haluat, (hän) halua이다. 하지만 부정문이 되면 "원하다"라는 동사는 모든 인칭에서 halua가 되고 "않다"라는 단어가 인칭별로 변화한다. 따라서 "나는 원하지 않는다", "너는 원하지 않는다", "그는 원하지 않는다"라는 말은 (minä) en halua, (sinä) et halua, (hän) ei halua가 된다.

내가 발견한 가장 불가사의한 사실은 힌디 어와 우르두 어에서는 "어제"와 "오늘"이 같은 단어로 번역된다는 것이다. 한번은 파키스탄 인 택시 운전사에게 그 점이 도무지 이해가 되지 않는다고 했더니 그는 정말 심드렁하게 내뱉었다. "동사의 시제를 보면 그 둘을 구별할 수 있는 걸요."

미국의 페미니스트들은 오랜 세월에 걸쳐 언어 속에 깊숙이 침투한 성 차별적인 용어들을 바꾸기 위한 언어 순화 운동을 벌여 왔다. 예를 들어, "chairman"(의장/위원장)이라는 단어를 버리고 복잡하지만 좀 덜 도발적인 "chairperson"을, manhole(맨홀) 대신에 maintenance hole을 쓰는 것 등등이다.

페미니스트 운동이 활발하게 벌어져 성공을 거두고 있는 몇몇 나라에서도 심한 언어적 성 차별을 보여 주는 사례는 여전히 고쳐지지 않고 있으니 참 이상한 일이다. 아마도 manhole 같은 경우와는 달리 이러한 성 차별은 단어나 용어로만 치환될 수 없는 어떤 것이기 때문일 것이다. 이것은 사람들의 골수에까지 스며 있는 의식이 단어를 통해 문법에까지 스며든 것이다.

초급 에스파냐 어를 배웠다면 기억이 날 것이다. 시험을 치를 때는 제대로 이해했겠지만 그 후에는 생각해 보지도 않았을 언어적 성 차별 말이다. 로망스 어 계통 언어에서 여성에서 남성으로 "성이 양도"되는 점을 두고 하는 말이다.

두 여성이 점심을 먹고 있다고 하자. 에스파냐 어로 그들을 칭하려면 "그들"의 여성형인 ellas를 쓴다. 하지만 그 여성들에게 어떤 남성이 합류한다면 ellas는 "그들"의 남성형인 ellos가 된다. 아무리 많은 여성들이 나타나서 식탁을 가득 메워도 그 단 한 명의 남성이 남아 있는 한 에스파냐 어는 한 번 무너진 ellas를 결코 제자리에 돌려놓지 못한다.

이론상으로 보면 백만 명의 여성이 수도의 주요 광장에 집결할 수 있다. 신문에서는 그녀들(ellas)이 모여서 요구 조건을 내세운다고 보도할 것이다. 그러나 여기서 한 명의 남성이 광장으로 어슬렁거리며 들어와 대열에 합류한다면 올바른 대명사는 "그들"(ellos)이 된다. 프랑스 어와 이탈리아 어, 포르투갈 어, 루마니아어와 그 밖의 몇몇 언어들에도 똑같은 규칙이 적용된다.

어쩌면 문법이 결코 좋아지지 않을지도 모른다. 하지만 문법을 공부해야 한다. 때때로 짜증이 나고 안개 속을 걷는 것 같이 답답해도 문법은 여러분의 친구다.

한 가지 언어로만 말하며 살기엔 세상이 너무 흥미롭다

여러분은 왜 외국어를 배우려고 하는가? 이 질문을 대학 입학 설문이나 헬스클럽 입회 원서 같이 성가시지만 으레 작성해야 하는 추상적인 것으로 생각해서는 안 된다.

독일인과 결혼하여 독일에서 살 생각을 하는 사람이라면 독일어를 배우고 싶을 것이다. 그럴 경우 일관되게 독일어를 붙들고 열심히 공부해야 한다. 도시 근교에서 철물점을 하고 있는데 그 동네에는 타갈로그 어와 펀자브 어를 포함하여 사람들이 사용하고 있는 언어가 18가지라면 18개국 언어로 인사말이나 "송장"

타갈로그 어는 영어와 더불어 필리핀의 공용어인 필리핀 어의 바탕이 되는 언어이다.
펀자브 어는 파키스탄과 인도로 나누어진 지역인 펀자브 지방에서 사용되는 언어이다.

(送狀) "외상 거래 장부" 등등의 사업상 필요한 용어들, 그리고 창고에 쌓인 많은 물품의 명칭들을 배우고 싶어질 것이다.

자습용 외국어 학습 교재나 강좌를 홍보하는 문구들은 외국어를 알면 사업을 하고 여행을 하는 데 유리하고 문화적이고 학술적인 혜택을 누릴 수 있다는 점을 강조한다. 하지만 여자 친구를 만나는 데는 어떤가? 남자 친구를 만나는 데는? 다른 언어를 배워야 할 가장 적절한 이유는 사회적 기회의 폭을 넓히고 사람들을 만나는 데 도움이 되기 때문이다. 그것은 또한 나름대로 칭찬받을 만한 이유이다. 그런 점을 애써 외면하고 고상한 이유만 들먹일 필요는 별로 없다.

새로운 관계를 맺을 기회를 넓히기 위해 다른 언어를 배우는 것은 재미있고 보람 있는 일이다. 사람들은 경제적인 성공과 직업적인 성공을 통해 꿈을 실현해 왔다. 마찬가지로 외국어 학습을 통해서도 꿈을 실현해 왔다!

그냥 하는 말이 아니다. 어떤 사람이 외국어를 배우고자 할 때는 상업적이고 문화적인 동인, 또는 그 밖의 동인들이 있겠지만 그에 못지않은 사회적 동인도 있으며 이 또한 정당한 것이라고 나는 생각한다. 아시아에서 물건을 수입하는 일에 관심이 있는 사람들에게는 일본어를 배우라고 권하고 오페라를 좋아하는 사람들에게는 이탈리아 어를 배우라고 권하겠다. 하지만 그런 것과 똑같이 진지하게 권하고 싶은 말은, 자신이 호감을 가지고 있는 사람들의 언어를 배우라는 것이다.

외국어 + α

외국어를 배운다고 해서 영원한 사랑을 보장받지는 못하겠지만 아마도 특이한 사람이라는 지위는 보장받을 것이다. 배우고 있는 언어를 쓰는 사회에서 그 사람은 "우리 나라 말을 배우는 고생길에 나선 사람"으로 주목받을 것이다. 사람들은 그를 초대하여 주위 사람들에게 소개하고 별난 자기 나라 언어를 배우는 이유가 무엇인지 꼬치꼬치 물어볼 것이다. 세간에 알려지지 않은 언어일수록 그 언어 사용자들 사이에서 받는 대접은 더 극진해질 것이다. 이미 말했듯이, 프랑스 어는 매우 널리 알려져 있는 언어여서 아무리 자연스럽게 "Comment allez-vous?"(어떻게 지내세요?)라고 말해도 프랑스 사람들은 여러분을 대단하게 여기지 않을 것이다. 하지만 노르웨이 사람들은 음식을 먹고 나서 "Takk for maten"이라고 말을 하는 외국인을 보면 귀한 대접을 해 줄 것이다. 이 표현은 "잘 먹었습니다"라는 뜻인데, 노르웨이 사람이 아니면 알기 어려운 표현이다. 식사 초대를 받았을 때 자리를 떠나면서 마지막으로 하는 전통적인 인사말이다.

한 가지 이상의 언어를 사용하여 의사소통하는 법을 배우면 여러분의 품위가 자연스레 높아진다. 자신들이 쓰는 말을 하리라고는 상상도 못했던 사람들의 귀에다 여러분이 언어 지팡이를 갖다 댈 때 생기는 마법 같은 섬광을 관찰하는 것도 재미있는 일이다. 그것은 친구를 만드는 또 하나의 방법이다.

언어에도 족보가 있다

언어를 알게 되면 언어만이 줄 수 있는 뜻밖의 즐거운 순간들이 생긴다. 예를 들어 세르보크로아티아 어와 불가리아 어는 서로 겹치는 부분이 많기 때문에 둘 중 하나를 배우면 큰 노력 없이 다른 하나를 70% 정도 알게 된다. 그러므로 한 언어를 배우면 얼마나 많은 언어로 뻗어나갈 수 있는지에 따라 배울 언어를 선택하는 기준으로 삼을 수도 있다. 언어마다 친족 관계가 있다. 따라서 어떤 계통이 자기에게 효과적일지 유심히 살펴보는 것이 좋겠다.

세르비아-크로아티아-불가리아 어의 관계를 좇아가 보자. 이 언어들은 러시아 어, 벨로루시 어, 폴란드 어, 우크라이나 어, 체코 어, 슬로바키아 어, 슬로베니아 어, 마케도니아 어, 루테니아 어가 속해 있는 슬라브 어의 모든 언어들과 비율은 조금씩 다르지만 모두 관련되어 있다. 이 언어들이 모두 70%씩 겹쳐지는 것은 아니다. 하지만 문제될 것은 없다. 40%, 30%, 20%만 겹쳐지면 또 어떤가? 그것은 옷감을 한 보따리만 샀다고 생각했는데, 가게 주인이 두 번째 보따리에 여분의 옷감을 담아 넘겨주는 것과 같다.

에스파냐 어를 배우면 이탈리아 어를 절로 많이 배우게 되므로, 에스파냐 어가 어느 수준에 달한 순간 시선을 돌려 이탈리아 어를 좇지 않는다면 정말 멍청한 짓이다. 포르투갈 어도 에스파냐 어와 그리 멀지 않으며 심지어 로망스 어 계통에서 다른 언어들과 유사성이 제일 적은 프랑스 어조차도 문법적 특징과 어휘가 유사하기 때문에 로망스 어 계통의 나머지 모든 언어들을 정복하는 것은 시간 문제이다.

인도와 파키스탄의 공식 언어인 힌디 어와 우르두 어는 구어로는 같다.

네덜란드 어는 독일과 영국 운하 사이에 위치한 자그마한 나라의 언어라고만 볼 수 없는 언어이다. 네덜란드 어는 플라망 어와 거의 동일한데, 이는 프랑스 어와 함께 벨기에의 두 가지 주 언어 중 하나이다. 영어와 함께 남아프리카의 다수가 사용하는 언어인 아프리칸스 어의 근간이 네덜란드 어이다. 그리고 4백 년 동안 네덜란드의 지배를 받아 온 "스파이스 아일랜드", 즉 인도네시아 전역에서도 네덜란드 어를 사용하는 사람들을 쉽게 볼 수 있다.

자신이 배우고 있는 언어의 친족 관계를 알아야 한다. 그 언어와 어울리는 언어가 무엇인지, 그 언어를 배우면 나중에 어떤 언어들을 쉽게 배울 수 있는지 알아야 한다는 말이다. 그 언어로는 어떤 산업의 문을 열게 될 것인가? (예를 들어, 플라망 어와 이디시 어는 다이아몬드, 아랍 어는 석유, 스웨덴 어는 크리스탈, 이탈리아 어는 유행의 문을 열듯이 말이다.) 배우고자 마음먹은 그 언어를 사용하는 지역이 얼마나 넓은가? (프랑스에서 프랑스 어를 사용하는 프랑스 사람보다 중국 밖에서 중국어를 사용하는 중국 사람이 더 많다.) 배우려는 언어가 세계에서 어떤 위치를 차지하는지를 알면 일일이 헤아릴 수 없는 이익과 보상이 따를 것이고 그로써 더 많이 배우고자 하는 동기가 유발될 것이다.

한 가지 언어로만 말하며 살기엔 세상이 너무 흥미롭다

만약에 피지배 국민이 정복자의 언어를 자진해서 배우려 하는지 아닌지를 보고, 정복자에 대한 인기를 가늠할 수 있다고 한다면, 영국은 승리한 정복자이며 러시아는 패배한 정복자라 할 수 있다. 전후 모스크바 제국에 강제로 편입된 나라의 국민들은 러시아 어를 배우기 싫어했다. 하지만 공산주의가 무너졌는데도 러시아 어는 여전히 슬라브 어 중 가장 널리 사용되는 언어이다. 러시아 어를 배우면 슬라브 12개국 언어, 또는 그와 연관된 언어들(폴란드 어, 체코 어 등등)을 학습하는 길이 열린다.

어쩌면 핀란드 어같이 어려운 언어가 배우고 싶어질지도 모르겠다. 아니면 인도네시아 어같이 쉬운 언어나 프랑스 어같이 쓸모가 있는 언어, 알바니아 어같이 모호한 언어를 배우고 싶을지도 모르겠다.

내가 다양한 언어를 배우려는 마음이 생겼던 것은 매번 그 이유가 달랐다. 우연의 일치와 젊은 혈기 때문에(노르웨이 어), 일을 하는 데 꼭 필요한 도구여서(에스파냐 어), 난민들을 도우려고(헝가리 어), 이상형의 여인들과 데이트하려고(스웨덴 어), 대부분의 라틴 어 낙제생처럼 바보가 아니라는 것을 증명하기 위해서(중국어).

여러분이 어떤 언어를 선택해도 어학 학습서와 학습기를 판매하는 사람들은 실망하며 눈살을 찌푸리지 않는다. 체코 어, 또는 카탈루냐 어, 요루바 어, 쿠르드 어*를 배우고 싶다고 해서 사과하거나 변명해야 한다고 생각하지 마라. 이렇게 흥미진진한 세상을 오직 한 가지 언어만 말하면서 살아가는 게 지겹다는 것 말고 다른 무슨 이유가 필요하단 말인가!

카탈루냐 어는 프랑스의 루시용 지방, 안도라, 에스파냐 북동부(주로 카탈루냐), 발레아레스 제도에서 쓰이는 말이다.
요루바 어는 나이지리아 남서부와 베냉 지역에서 쓰이는 말이다.
쿠르드 어는 오늘날의 터키 동부와 이라크 북부, 이란 북서부 지역의 대부분, 시리아 북부와 아르메니아 공화국의 일부를 포함하는 쿠르디스탄 지역의 쿠르드 족이 쓰는 말이다.

학습 도구, 모조리 챙기자

어떤 외국어를 배울지 결정하고 문법을 접해 본다. 그러고 나면 그 외국어를 배우겠다는 생각을 굳힐 수도 있고, 거꾸로 별로 달갑지 않거나 흥미를 잃을 수도 있다. 또 의기소침해지거나 마음이 상할 수도 있다.

그렇다면 이제 쇼핑을 해 보자. 어학 자료들이 많이 있는 서점을 찾는 게 좋겠다. 점원이 잘 모르겠다는 투로 "'어학' 코너에 프랑스 어와 에스파냐 어 책이 좀 있을 텐데요"라고 말하는 서점에서 마지못해 책을 사서는 안 된다.

기본 교재

제대로 된 문법의 기초 지식이 잘 나와 있는 기본적인 책(교과서, 문법책)을 찾아라. 문법 외의 것은 별로 없어 보인다고 해도 개의치 마라. 그 옛날 고등학교와 대학교 때 여러분을 주눅 들게 했던 책들이 연상된다고 해도 개의치 마라. 문법이 아닌 읽기와 회화 등등 다른 것을 공부하면서 온갖 신나는 경험을 하게 될 테니까. 이 기본적인 책에서는 그냥 문법만 배우면 된다.

사전

대부분의 어학 사전들은 예를 들어 영-불, 불-영, 이런 식으로 되어 있는 겸용 사전✱이다. 최소한 방향이 맞는 사전인지는 꼭 확인해 보아야 한다. (나도 쌍방향 사전이라고 생각했는데 단방향 사전, 그것도 방향이 거꾸로 된 사전을 사가지고 나온 적이 있었으니까!)

사전들 중에는 분통이 터질 정도로 불충분한 것들이 많다. 협상하다, 또는 소유주 등과 같은 단어들조차 없는 경우도 있다. 그러므로 시간을 좀 써서 사전의 내용이 알찬지 확인해 보자. 신문을 보면서 기사에 난 어려운 단어들을 단어장에 모으는 것도 좋은 생각이다. 그런 단어들은 머지않아 찾아보게 될 것들이니까. 사전에

시중에 나와 있는 겸용 사전은 영어, 일본어, 중국어, 독일어, 에스파냐어, 러시아 어, 몽골 어, 라오스 어 등이 있다. 겸용 사전의 종류가 많지 않으므로, 차라리 마음에 드는 사전을 두 권(우리말-외국어, 외국어-우리말) 마련하는 게 좋겠다.

그런 단어들이 있는가? 가격, 색상, 그리고 주머니나 서류 가방, 핸드백에 쏙 들어가는 사이즈냐 하는 것보다 쓰임새 있는 사전을 찾는 것이 더 중요하다.

회화책

여행자용 회화책✱을 사라. 그런 책자들은 값도 싸면서 보기도 쉽다. 토스트 한 장보다 더 작은 이런 책들은 문법 사항이 거의 없지만, 실용적인 내용들로 가득 차 있다. 외국어와 우리말을 함께 적어 놓고 완전 초보자들이 이해하기 쉽도록 대체로 정확하게 발음도 달아 놓는다.

옆에 있는 두꺼운 사전과 복잡한 문법책에 비해 이런 여행자용 회화책이 소박하고 값싸고 소략하며 상대적으로 가볍다고 해서 우습게 보는 것은 옳지 않다. 좋은 동물원에는 코끼리와 함께 벌

✱ 톡톡 Tip

영어나 중국어, 일본어는 별도의 판매대가 있을 정도로 여행용 회화책이 수도 없이 많으니 입맛 따라 고르면 된다. 독일어, 에스파냐 어, 프랑스어 등 고등학교 교과 과정으로 선택되는 외국어의 경우에도 다양한 여행용 회화책이 있다. 그 밖의 외국어의 여행용 회화책으로는, Books 신나라의 '주머니 속의 여행' 시리즈(몽골 어, 힌디 어 등 13종), 삼지사의 '포켓 여행 회화' 시리즈(베트남 어, 아랍 어, 미얀마 어 등 18종) 등이 있다.

새들도 있는 법이다.

신문이나 잡지

외국어로 씌어진 신문이나 잡지를 찾아보자. 서점이나 신문 가판대에서 다양한 외국어 간행물을 찾을 수 있다면 좋겠지만 그렇지 않다면 가까운 문화원이나 영사관이나 대사관에 전화를 해 보자. 대개의 경우 자부심을 갖고 기꺼이 여러분을 도울 것이다. 가능하다면 국내에서 나온 간행물들보다는 그 나라에서 직접 나온 것을 사는 편이 낫다. 국내에서 출판된 외국어 간행물이 해당 국가에서 출판된 간행물보다 신뢰도가 더 낮을 것은 분명하고도 당연한 이치이다.

내 친구 중 한 명은 프랑스 어를 배우기로 한 뒤 곧바로 파리의 대중적인 일간지인 《르 몽드》를 구독 신청했다. 그건 좀 너무했다. 만약 그 친구가 《르 몽드》에 나온 모든 단어를 외워야 한다면 그건 "끝낼 수 없는 숙제"가 될 것이다. 이 시점에서는 외국어로 씌어진 한 가지 간행물에 실린 기사 한 편이면 충분하다.

현지 학생들이 보는 책

어려운 일일지 모르지만 만약 가능하다면 현지에서 나온 6학년 수준 정도의 학생용 책자나 읽을거리들을 찾을 수 있는지 알아보자. 초보자에게는 그런 책들이 현실 세계를 이어주는 가교 역할을 할 것이다. 그런 책자들을 찾을 수 없다 해도 전혀 걱정할 일은 아니다. 얼마 안 있어 신문이나 잡지도 기초적인 것처럼 여겨질 테니까.

휴대용 카세트와 테이프

언어를 배우는 사람의 입장에서 볼 때 손에 들고 다니는 카세트 플레이어의 발명은 소달구지를 타다가 초음속 제트기를 타는 것과 같다. 이제 우리는 귀를 통해 외국어를 빨아들일 수가 있다. "동시에 두 가지 일을 하라고 하면 어떡해요!" 이런 건 해묵은 불평이다. 일상적인 활동을 열심히 하면서 외국어 테이프 듣기, 이것은 두 마리 토끼를 한 번에 잡는 방법이다.

워크맨(또는 그런 종류의 어떤 기구이건)은 그 어떤 언어건 상관없이 외국어라는 통조림을 척척 열어 주는 전자식 통조림 따개이다. 예전에 우리는 깡통을 씹어서 따야 했다.

여러 외국어에 여러 카세트 강좌가 있다. 가격은 저렴하지만 구성은 견실한, 정말 간단한 여행자용 회화책에 딸린 "여행용" 카세트테이프부터 수많은 카세트테이프로 구성되어 초급부터 고급까지 수준별 학습 강좌를 한번에 해결해 준다는 고가의 카세트 강좌까지 매우 다양한 강좌들이 있을 것이다.

"내용도 가볍고" 값도 싼 "여행용 카세트테이프"라고 무시해서
는 안 된다. 단순하기 짝이 없는 카세트테이프라 해도 그 속에 들
어 있는 모든 단어와 어구, 발음, 문법 사항을 다 깨친다면 누구든
고급 언어를 구사할 수가 있다.

체계적 학습 테이프는 교육 이론을 실제에 적용한 것으로서 이
름난 몇몇 언어 교사들이 효과적이라고 인정한 학습 방식을 따르
고 있다. 예를 들어 작고한 폴 핌슬러 박사의 이름을 딴 핌슬러 학
습법은 학생들의 귀를 잡고 마치 디즈니랜드를 구경시키듯 언어
를 훑게 한다. 핌슬러 학습법은 시간을 쪼개 "들으면서 학습하는"
최고의 방법을 제시하고 있다.✱

무엇보다도, 이 학습법의 특징은 카세트테이프를 수동적으로
듣는 것이 아니라 그 강좌에 직접 참여하도록 유도한다는 점이다.
핌슬러는 차려놓은 밥상을 받겠다는 식으로 그저 듣고만 있으면
새 단어들이 머리에 쏙쏙 들어올 것이라고 기대하는 태도를 허용
하지 않는다. 우리말과 외국어를 그저 반복적으로 들려주기보다

✱ 톡톡 TIP

이 학습법을 적용한 카세트 강좌가 국내에서도 판매되고 있다. 하지만 이
미 다른 카세트테이프를 구매한 경우라 해도 가지고 있는 테이프로 저자
의 설명처럼 정지 버튼과 재생 버튼을 반복해서 눌러가며 주의를 환기시
키면서 공부한다면 같은 효과를 거둘 수 있을 것이다.

"'포도주'를 그리스 어로 뭐라고 하는지 기억하세요?"라고 물어 봄으로써 산만해진 정신을 집중할 수 있도록 자극을 주는 것이다.

이론적으로 보면 학습에서 엄청난 차이를 만들어낼 수 있는 편법이란 거의 없다. 그런데 어떤 외국어를 배우고 싶어 교재를 구매한 사람의 입장에서 볼 때 카세트테이프 속의 강사가 끊임없이 듣는 사람의 주의를 환기시키는 방법을 쓰는 것은 무엇 때문일까? 사람들은 누구나 할 수만 있다면 언제든지 수업을 빼먹고 싶어 한다. "'포도주'를 그리스 어로 뭐라고 하는지 기억하세요?"라고 핌슬러처럼 질문하는 것과 그냥 "포도주" 하고 말해 주는 목소리 사이의 차이는 마크 트웨인이 말한 것처럼 "번개와 반딧불이의 차이!"다. 나아가 "버스에 올라타는 사람과 어쩌다 부딪쳤습니다. 뭐라고 말할까요?" 하는 식으로 답을 요구하는 것이 핌슬러가 전형적으로 구사하는 방식이다. 그렇게 할 때 "죄송합니다"라는 외국어 어구는 그냥 그 어구를 기계적으로 외울 때보다 훨씬 더 분명히 뇌리에 박히게 된다. 마치 핀볼 기계 속의 공이 밑바닥에 가까이 갈 때 공을 받아치는 막대를 잘 조작하면 공을 받아 다시 꼭대기로 올려 보낼 수 있는 것처럼 핌슬러는 새로 알게 된 단어, 또는 어구가 "바닥에 떨어지려" 하는 찰나 그 단어, 또는 어구를 다시 '핑' 하고 쳐 올려서 의식의 꼭대기로 되돌려 보낸다.

외국어로 노래와 놀이, 소설이나 시, 에세이 등을 담아 놓은 카세트테이프가 있다. 이 테이프들은 실제로는 언어 학습용이 아닌데도 학습용으로 포장되어 시중에서 판매되고 있다. 이런 카세트테이프들은 긴장을 푸는 데 아주 좋고, 자신의 외국어 실력을 가늠할 수 있는 시험지이자 일종의 연습 문제가 된다.
 하지만 이런 종류의 카세트테이프들은 에피타이저일 뿐 주 요리는 아니다.

공테이프

 자동차에 연료를 직접 넣을 수는 있지만 자기 눈을 직접 수술할 수는 없다. **여러분 자신**이 연출가이자 주인공이 되어 직접 학습용 카세트테이프를 만들어 보라고 하면 의아하게 생각할 사람이 있을지도 모른다. 전통적인 학습법을 고수하는 교사들은 그런 것은 자기가 직접 눈 수술을 하는 것이나 매한가지라고 생각하기 쉽다.
 하지만 나는 그것이 큰 도움이 된다는 것을 발견했다. 언어를 어느 정도 공부하여 발음 요령을 익히게 되면, 공테이프에 단어와 어구들을 직접 읽어 녹음할 수 있다. 발음이 훌륭하지는 않을 것이다. 나쁠지도 모른다. 하지만 자신에게 필요하고 자신이 원하는 단어들이 들어 있는 카세트테이프를 당장 들을 수 있는 것은 사정을 전혀 모르는 사람이 일방적으로 만들어 놓은 카세트테이프를 듣는 것보다 더 낫다. 이것은 자기 발음이 좋지 않다는 단점을 덮고도 남는다.
 그러므로 처음에 공부하기로 결심한 카세트테이프를 보조하는 차원에서, 가능한 한 시간이 짧은 공테이프를 구하여 알고 싶은 단어와 어구를 담은 카세트 모음을 만들어 보자.

자기 자신의 능숙하지 못한 어투로 단어를 들어야 한다고 해도 단어를 아는 것, 즉 그 의미와 철자와 문장에서의 쓰임새 등을 아는 것이 그 단어를 전혀 모르는 것보다 낫다.

단어장

대표적인 언어들의 경우 출판되어 나온 단어장✱들을 구할 수 있다. 단어장은 크기가 명함 정도이며 대개 천 개의 단어들이 수록되어 있다. 언어 학습 도구들 중 가장 우습게 취급받는 것이 단어장이다. 단어장은 수십 년 동안 있어 왔지만 가지고 있는 사람들조차도 이용하지 않는 경우가 대부분이다.

외국어를 배우는 학생이라면 경찰관이 배지를 찾는 것처럼 본능적으로 아침에 집을 떠나기 전에 단어장 더미를 손에 집어야 한다. 단어장은 하루의 "자투리 시간"을 활용하는 데 그 어떤 도구들

✱ 톡톡 TiP

시중에서 판매되고 있는 단어장은 저자가 소개하는 것처럼 카드 형식으로 되어 있지 않고, 포켓북 형태이며 크기도 더 크다. 그래도, 가지고 다니기에 불편한 정도는 아니므로 자기 수준에 맞는 것을 골라 활용할 수 있다. 또 단어뿐 아니라 숙어용 포켓북도 있다. 이것저것 맘에 드는 것이 없으면, 저자의 말대로 '나만의 단어장'을 만들어 활용해 보자.

보다 더 많은 도움을 줄 수 있다. 내가 나의 학습법에서 약속한 것들은 자투리 시간이란 비밀 병기에 기반을 둔 것이다.

단어장을 자유자재로 다루는 방법을 익히자. 짬이 나는 순간(함께 걷고 있던 사람이 쇼윈도를 쳐다보느라 걸음을 멈춘 그런 순간. 메뉴판은 다 보았고 신문도 다 읽었는데 웨이터는 아직 오지 않는 그런 순간. 계산대에서 신용 카드가 승인되길 기다려야 하는 그런 순간. 은행이나 매표구에서 줄을 서 있는 순간. 엘리베이터가 층마다 서는 이 모든 순간) 그 카드들을 획 꺼내어 스스로를 재빨리 시험해 보아라. 그 순간 주어진 시간이 5초에 불과하다 할지라도 카드들을 끄집어내어 재빨리 보기 시작하는 법을 익히자. 전화를 걸었는데 다섯 번 벨이 울릴 때까지 받지 않으면 두세 장의 카드를 볼 시간을 번 셈이다. 빨라지는 법을 배워라. 나는 전화기의 마지막 버튼을 누르고 나서 상대방이 전화를 받을 때까지의 시간 동안 새로운 한자 단어를 하나 외웠다.

시중에서 판매되고 있는 외국어 단어장이 없다면? 그래도 상관없다. 이참에 나만의 단어장을 직접 만들어 보자. 우선 가까운 문구점에 가서 두꺼운 백지를 잔뜩 사자. 언어 여행을 하면 새 단어들과 최신 비속어, 알고 싶은 특별한 어구들, 파티에서 원어민에게 배운 멋들어진 표현들을 끊임없이 만나게 된다. 그것들을 즉시 백지 단어장에다 집어넣고 항상 카드를 한 묶음씩 가지고 다니자. 다음 장에서 이 모든 도구들을 어떻게 서로 관련지어 사용하는지 배우게 되면 자기 손으로 만든 단어장의 중요성을 깨닫게 될 것이다. 정통만 고집하는 사람들은 자신이 직접 외국어 어휘를 녹음하는 것에 시비를 걸지도 모른다. 하지만 직접 단어장을 만드는 것에 시비를 걸 사람은 아무도 없다.

단어장에다 단어장 케이스를 보태면 금상첨화. 신분증이나 운전면허증처럼 단어장도 가지고 다닐 수 있는 보관함이 있으면 좋을 것이다. 재질이나 모양은 상관없다. 단어장 더미를 가장 잘 넣을 수 있는 크기의 것을 찾아서 필요한 만큼, 아니 그보다 더 많이 사 두자.

마지막으로 신문이나 잡지에 나오는 단어들 중 모르는 단어들을 모두 표시하기 위해서는 펜이 필요하다. 눈에 잘 띠면서 표시해도 단어를 가리지 않는 형광펜을 준비해 두자.

이런 것들이 우리에게 필요한 도구이다. 자, 이제 공부를 시작해 보자!

한 숨 돌리는 시간

어째서 이 녀석은
한 마디도 하지 않은 거죠?

결혼 14주년 기념으로 아내에게 줄 선물을 찾고 있던 남자가 애완동물 가게 앞에 서게 되었다. 가게 안에는 앵무새가 한 마리 있었는데 크기나 깃털은 특별히 다른 앵무새와 다르지 않았으나 7000달러라는 놀라 자빠질 만한 가격표가 붙어 있었다. 믿기 어렵게도 그 앵무새는 14개국 언어를 한다는 것이었다. 남자가 선물 사는 데 쓰기로 마음먹었던 것 이상의 가격이었지만, 그는 "14년과 14개국 언어라!" 하는 생각을 했고, 결국 그 앵무새를 샀다.

남자는 집에 와서 앵무새 횟대를 부엌에 걸었다. 그런데 모이를 깜박 잊고 사지 않은 것을 깨달았다. 아내가 집에 도착하기 전에 모든 준비를 끝내 놓으려고 애완동물 가게로 다시 뛰어가 모이를 산 다음 집으로 돌아왔다.

그런데, 맙소사, 아내는 이미 돌아와 있었다. 남자가 나타났을 때 아내는 뜨거운 애정을 표시하며 그의 품에 뛰어들었다. "내 사랑! 어쩜 이렇게 놀라운 선물을 준비했을까! 내가 꿩을 얼마나 좋아하는지 기억하고 있었군요. 내가 깃털을 뽑았고요. 배도 갈랐답니다. 뱃속에 양념 소도 채웠지요. 오븐에 넣었으니까 50분 정도 지나면 먹을 수 있을 거예요"라고 소리치면서.

"그 새를 어떻게 했다고?" 남자가 외쳤다. "그 새를 어디에 넣었다고? 그건 꿩이 아니란 말이야." 남자는 마구 고함을 질러 댔다. "그건 앵무새라고, 그것도 14개국 언어를 할 줄 알아서 7000달러나 하는 앵무새란 말이야."

"그렇다면" 하고 아내가 대답했다. "어째서 이 녀석은 한 마디도 하지 않은 거죠?"

외국어 정복 필살기

가능한
모든 방법을
동원하자

그렇다면, 힘들이지 않고 외국어를 공부할 수 있는 마법 같은 방법이 정말 있을까?

그렇기도 하고 아니기도 하다. 에스파냐 어를 숟가락으로 떠먹여 주거나, 그게 아니면 먹든 말든 신경 쓰지 않았던 고등학교 에스파냐 어 수업과는 달리, 말 그대로 그 언어를 삽으로 떠서 당신의 머릿속에 쏟아 부어 줄 마법 같은 편법과 전술이 있다. 암, 그렇고 말고. 그러나 이 방법은 스스로 하지 않는 한 효과가 없다. 대신, 힘은 들겠지만 해 보면 그 만큼 충분한 대가를 얻을 것이다.

여기서는 고통이 없으면 얻는 것도 없다는 점을 서로 확인하면서 시작해야 한다. 대신 최소의 고통으로 최대의 것을 얻을 수

115

있다.

어느 날 문득 (외국어를 배우기로 결심하는 것처럼) 체력을 좀 길러야겠다고 결심한다면, 빈둥거리면서 "어디 보자. 에어로빅도 있고, 역기나 아령 같은 근력 운동, 스트레칭, 헬스클럽의 첨단 운동 기기들도 있고, 조깅, 수영, 비타민, 적절한 영양 섭취도 있군. 어떤 걸 할까?"라고 궁리하지는 않을 것이다.

분명 위에 말한 것들을 모두 다 하거나 아니면 그 중 몇 개 정도를 같이 해 볼 것이다. 외국어를 배우기 시작하는 법도 그런 것이다. 문법책이냐, 아니면 카세트 강좌냐, 아니면 독해 교재냐, 아니면 회화책이냐, 이렇게 선택을 해야 한다고 생각하지 말고 다각적으로 공략해 보자. 그렇게 하면 위에 나온 모든 것 — 그리고 그 이상의 것 — 을 동시에 갖게 된다.

실패할 수도 있고 성공할 수도 있다. 실패한다면 책과 카세트테이프, 사전, 여기저기 널린 단어장들이 서랍과 책장 속을 어지럽히게 될 것이다. 마치 운동을 한다고 했다가 구석에 쳐 박아 놓은 아령과 비타민제, 깨끗한 운동복과 운동화처럼 말이다. 어쩌다 눈이 갈 때마다 그것들은 무안할 정도로 당신을 조롱할 것이다.

그렇지만 성공한다면 유창하게 외국어를 구사하는 자부심을 갖게 될 것이다.

찰스 벌리츠는 단어나 어구를 큰 소리로 열 번, 스무 번 말하는 것이 오십 번, 백 번 그냥 눈으로 읽는 것보다 더욱 효과적인 학습법이라고 말한다. 마찬가지로 어떤 단어나 어구를 기억 속에 확실히 자리 잡게 하려면, 단어나 어구를 오십 번씩 볼 때까지 문법책만 보는 것보다 두세 번 단어를 보고 난 후에 신문이나 잡지를 읽고, 그 속에서 놀랍게도 바로 그 단어나 어구를 마주칠 때 더 효과가 좋다. 또한 카세트나 방송, 영화, 원어민과 대화를 하다가 그 단어나 어구를 듣게 될 때 더 효과적이다.

다각적인 코스로 공략하는 것이 왜 효과적인지 설명하는 것은 어려울지 모르지만 실제로 그러하다는 것을 증명하는 것은 쉽다. 어찌되었건 그것은 이역만리에서 우연히 고향 사람을 만나게 되었을 때의 감격 같은 효과를 준다. 고향에서라면 모르는 체하거나 그저 "안녕하세요"라고 말하고 돌아섰을지 모르지만, 타향에서라면 우연히 만났다는 이유만으로 서로 덥석 끌어안게 되지 않는가.

여러분이 노력하는 그 순간부터 단어장이나 카세트테이프에서 익힌 단어들이 학습서나 신문에서 튀어나오면 자기도 모르는 사이에 단어를 알게 되는 효과를 톡톡히 보게 된다. 갖고 있는 문법책이나 회화책, 또는 카세트테이프만 가지고도 결국은 단어를 정복하게 된다는 것은 분명하다. 하지만 그렇게 학습하는 것은 필사적으로 저항하는 미지의 적을 계속해서 정면 공격하는 것과 같다. 그러나 같은 단어를 실생활인 신문 기사에서 접해 보면 마치 오랜 친구를 만나는 마음으로 그 단어를 끌어안게 된다.

문법책 하나만 가지고 언어에 통달하려면 지겹기 그지없을 것이다. 회화책 하나만 가지고는 너무나 피상적이다. 카세트테이프 하나만 가지고는 아무런 성과가 나질 않는다. 또한 사전과 신문만 가지고서 그렇게 한다는 것은 불가능한 일이다. 다각적인 코스로 공략할 때 노력이 결실을 맺게 된다.

일단,
문법책 5장까지만 밀고나가 보자

문법책을 펴고 1장을 한 번 보자. 첫 문단이 이해가 되는가? 그렇다면 두 번째 문단으로 넘어가자. 그렇지 않다면 첫 문단을 다시 읽어 보자. 무엇 때문에 이해가 되지 않는지 정확히 짚을 수 있는가? 그렇다면 연필(볼펜이 아니고)을 가지고, 읽다가 걸리는 단어나 문장에 밑줄을 그어라. 그 단락은 결코 변하지 않을 것이다. 헷갈리는 문단이 말하고자 하는 문법의 핵심은 견고한 요새처럼 변하지 않고 남아 있으니 언젠가 그것을 흔쾌히 받아들이기만 하면 된다. 이해라는 것은 깜깜하던 곳에 불이 들어오듯 한순간에 오는 것이다. 조바심을 낸다고 될 일이 아니다.

이해가 되지 않는 부분은 무엇이든 요약하도록 노력하자. 이모에게 편지를 써서, 새로운 외국어를 배우려고 하는데 이 우스꽝스럽게 생긴 언어가 사람을 어떻게 골탕 먹이는지 하소연하는 기분으로 헷갈리는 부분들을 가능한 한 간단하게 글로 요약해 보자. 그렇게 적은 것을 단어장 지갑에 넣어서 주머니

나 가방에 갖고 다니자. 헷갈리는 사항은 모두 기록하여 가지고 다니는 습관을 갖는 것이 좋다. 해당 언어의 원어민이건 아니면 질문에 대답을 해 줄 수 있을 만큼 그 언어를 이미 숙지하고 있는 훌륭한 조언자, 또는 정보 제공자이건 상관없이, 그런 사람을 찾도록 노력하자. 한국인 식료품 가게 주인, 이탈리아 인 웨이터, 알바니아 인 피자 가게 점원, 치과의 루마니아 인 조무사들과 친구가 되는 것도 좋겠다.✱ 이런 사람들이 무슨 소용이 있냐는 생각이 들겠지만 그들은 많은 도움을 줄 수 있는 사람들이다. 정보 제공자가 될 사람들은 대개 자기 나라 언어를 배우는 걸 도와달라는 부탁을 받으면 좋아할 것이다.

대담하게 발을 내디뎠건만 한 문단, 아니면 두 문단, 아니면 세 문단, 하여간 어느 지점에서 돌부리에 걸렸다고 가정해 보자. 이해가 되질 않는 것이다. 그런 시점에서는 잘못된 언어 교육법의 규칙을 의식적으로 뒤집어엎고 뭔가 근본적인 변화를 꾀해야 한다. 풀리지 않는 퍼즐은 내버려 두고 계속 앞으로 나아가야 한다는 것이다.

이해가 되지 않는다면 그 부분은 당분간 건너뛰자. 점점 더 많

✱ **톡톡 Tip**

요즘은 한국에서도 외국인들을 많이 마주칠 수 있다. 식당에서 일하는 조선족 아줌마에게서 중국어를, 이탈리아 식당이나 피자 가게의 이탈리아 인 주방장에게서 이탈리아 어를, 인도네시아 노동자에게서 인도네시아 어 한 마디쯤은 배울 수도 있을 것이다.

은 개념들을 실제로 이해하고 그를 통해 발전해 감에 따라 헷갈리던 부분들은 절로 자명해질 것이다. 즐거운 마음으로 앞부분의 문법 장들을 돌아보면서 모른다고 밑줄을 쳐서 표시해 두었던 부분이 이제는 완벽하게 이해가 되는 것을 보고 "이런 것 때문에 어떻게 좌절해 버릴 수 있었단 말인가?"라고 혼잣말을 하게 될 것이다. 그 구불구불한 선을 지우는 재미를 한 번 느껴 보시길!

5장을 마칠 때까지는 다른 도구들은 쳐다보지도 말고 문법을 쭉 계속하자. 카세트테이프는 비닐도 뜯지 말자. 목표로 삼은 언어로 씌어진 잡지나 신문을 보고 싶은 유혹에 넘어가지 말자. 언어라는 것은 좋아하면 할수록 점점 더 다루기가 힘들어진다. 카세트테이프와 신문들이 기다리고 있는 가운데 문법 속을 터벅터벅 걷다 보면, 밖으로 달려 나가 야구를 하고 싶은데 그 전에 숙제를 끝내야 하는 아이가 된 기분이 들 것이다. 그런데 그것이 바로 핵심이다. 여러분은 새 언어의 세계에서는 어린아이이다. 그리고 모든 아이들처럼 여러분도 우선 할 일을 하는 법을 배워야 한다. 문법이 제일 우선이다. 문법책 5장까지 꾸준히 다 봄으로써 어느 정도 인격을 도야해라. 그렇게 하면 더 즐거운 분야로 곧장 돌진할 수 있는 추진력이 길러질 것이다.

카세트테이프와 신문, 단어장, 회화책 등을 활용하면 버스를 기다릴 때의 지루함은 사라지고 대신 외국어 실력이 늘어나는 것을 느끼게 될 것이다. 문법을 성실하게 시작한 후 받는 보상은 그런 것이다. 금방 밖에 나가 "놀게" 될 것이라는 사실을 상기하면서 문법을 공부하는 동안 기운을 내길 바란다.

현실 세계로 들어가기 위해 거쳐야 할 관문들

문법책 5장까지 다 공부했다면 다른 도구들(그 도구들을 "장난감"으로 생각해야 한다)을 펼쳐 놓고 한꺼번에 모두 사용할 준비를 하자.

신문이나 잡지를 손에 들고 첫 쪽의 왼쪽 윗부분을 보자(아랍 어와 히브리 어에서는 "맨 뒤"쪽의 오른쪽 윗부분이 된다. 앞부분이 그쪽이니까). 거기 있는 기사가 여러분이 해야 할 숙제다. 아마 여태껏 읽어 본 것들 중 가장 읽기 힘든 기사일 것이다. 그렇지만 분명히 다른 어떤 것보다 더 많은 도움이 될 것이다.

형광펜을 들고 첫 문단 중에 모르는 단어에 표시를 하자. 그 문단에 나오는 모든 단어들에 죄다 형광색이 칠해질 가능성이 높다. 그런 기사는 초보자용으로 수준을 살짝 낮춘 교과서가 아니라 연습용으로 다룰 수 있는 최고 수준의 실생활이자 현실 세계이다. 그런데 여러분이 지금까지 공부해 놓은 것은 기초 문법 5장까지가 전부이지 않은가. 그러니 걱정하지 말자. 정직한 자세로 모르는 모든 단어에 착실하게 표시를 하자. 첫 문단에 나오는 모든 단어를 다 모른다 해도 좋다!

그런 다음 손을 내밀어 사전과 백지 단어장을 찾아라. 첫 번째 단어를 찾아보자. 다음 네 가지 경우 중 한 가지에 해당될 것이다.

(1) 신문에 나와 있는 것과 똑같은, 바로 그 단어를 발견하는 경우.

(2) 단어의 첫 부분은 같지만 중간 부분, 또는 뒷부분이 이상해 보이는 단어를 발견하는 경우.

(3) 갖고 있는 사전(사전의 "내용이 충실한지" 충분히 검토한 뒤에 구입했다 할지라도) 속에 그 단어가 아예 없는 경우.

(4) 단어 자체가 변화무쌍해서 사전에 없는 것이라고 여겨지는 경우. 요컨대 신문에 나온 그 단어는 문장에서의 역할로 인해 기본형과 다르게 씌어질 수 있는데, 여러분은 아직 그 언어의 규칙들을 배우지 못했고 사전에는 기본형이 수록되어 있는 것이다(예를 들어 에스파냐 어의 vaya라는 단어는 사전에 나오지 않을 것이다. 그것은 "가다"를 뜻하는 동사 ir의 단수 명령형이다).

(1)의 경우는 단어가 신문(이제부터는 "교재"라고 하겠다. 그것은 잡지라도 좋고 책이라도 좋다)에서 본 것과 정확히 똑같은 철자로 사전에 나와 있다. 그렇다면 백지 단어장의 한쪽 면에 우리말을 적자. 그런 다음 카드를 뒤집어서 다른 쪽 면에다 외국어 단어를 적는다. 단어를 적을 때는 언제든지 읽기 쉽게 또박또박 써야 한

다. 자신만의 단어장을 만드는 방법을 자세히 설명해야 하나 말아야 하나 좀 망설여진다. 하지만 좋은 방법이 있는데, 아직 잘 모르는 독자를 위해 이 기회에 소개하겠다.

하나하나의 단어들과 전체 어구는 완전히 다르게 취급한다. 개별 단어들을 단어장에 적을 때는 "폭이 넓지 않아도" 된다. 그러니까 카드를 "넓게"(수평으로) 두기보다는 "길게"(수직으로) 두도록 하고 카드 위쪽부터 아래쪽으로 한 단어 밑에 다음 단어를 적는 식으로 단어들을 넣어 가는 것이다. 카드의 "이마" 부분에 가로로 우리말 단어를 쓴 다음 카드를 옆으로 뒤집지 말고 위아래로 뒤집어서 반대편 맨 윗부분에 가로로 외국어 단어를 적어라.

그런 다음 카드를 다시 우리말 단어가 적힌 쪽으로 뒤집어서 다음 단어를 바로 밑에 쓰고 다시 뒤집어 외국어 단어를 써라. 카드가 꽉 찰 때까지 같은 과정을 계속 반복하자. 카드를 위아래 세로로 뒤집으면 만원 버스나 엘리베이터에서 다루기도 쉽고 떨어뜨릴 염려도 적다.

전체 어구를 백지 단어장에 쓰는 단계에는 카드를 가로로 다루는 편이 더 낫다. 뒤집는 것은 계속 위아래로 한다.

자 이제, (2)의 경우를 보자. 교재에 나온 단어가 되려고 안간힘을 쓰지만 그럼에도 끝부분의 철자가 달라서 궤도 이탈한 것처럼 보이는 단어를 사전에서 보게 된다. 사전에서 찾아낸 단어는 아마도 기본형일 것이다. 정확한 이유는 모르겠지만, 어떤 규칙 때문에 교재에서는 다른 형태를 취한 것이다. 그 단어가 동사인가? 그렇다면 사전에서 보는 것은 부정사의 형태(to be, to do 등등)를 띠고 있을 것이다. 반면 교재에 나온 형태는 인칭과 수, 시제, 또는 몇몇 언어에서는 상(相) 등에 따라 달라지는 수많은 변화형들 중 하나일 수 있다.

단어장에는 기본형 ── 사전에 나와 있는 형태가 그것이다 ── 을 적어 넣고 그 기본형을 실마리로 해서 교재의 의미를 해독하려 노력하자.

의미가 분명하다면 왜 교재에 쓰인 단어가 기본형과 다른지에 관해서는 아직 신경 쓸 필요가 없다. 이 과정의 즐거움 중 하나는 문법책을 쭉 보아 나가면서 의문들이 하나씩 지식으로 바뀌어 가고 이를 확인하게 된다는 점이다. 만약 의미가 분명치 않다면 "의문 카드"를 만들어 혼란스러운 그 단어의 철자를 교재에 나와 있는 대로 적어 두자. 의문 카드를 넣은 단어장 케이스는 항상 가지고 다녀야 한다. 정보를 제공해 줄 사람, 즉 혼란을 해소시켜 줄 수 있는 누군가를 만나면 의문 카드를 꺼내 들자. 그러면 혼란이 깨끗이 사라질 것이다.

하나의 단어장에는 모르는 단어를 여섯 개 이상 적지 않는 것이 좋다. 카드를 어지럽게 작성해서는 안 된다. 우리말과 외국어 단어 둘 다 단어 아래에 줄을 그어서 적힌 단어마다 자기 "구역"을 만들어 주는 것이 좋다. 또 우리말 단어나 외국어 단어 중 빼먹은 것이 없는지 주의 깊게 점검할 필요가 있다. 어처구니없게도, 카드에 적힌 세 번째 우리말 단어와 세 번째 외국어 단어가 일치하지 않는 상황이 발생할 수 있다(나는 예전에 근 일 년 동안이나 "왕자"를 뜻하는 러시아 어 단어를 "딸기잼"인 줄 알고 지낸 적도 있다).

(3)과 (4)의 경우, 단어가 사전에 없거나 알아볼 수 있는 형태가 사전에 실려 있지 않은 경우이다. 그런 단어는 의문 카드에 집어넣자.

아마도 첫째 문단 하나에서만도 익혀야 할 단어가 18~20개 정도 나올 것이고, 그러면 네다섯 장의 카드가 만들어질 것이다. 그 카드들을 깨끗한 플라스틱 케이스에 넣어서 항상 가지고 다니자. 단어장과 의문 카드가 서로 섞이지 않도록 둘을 따로 두어야 한다. 교재에 나온 모르는 단어들과 그에 해당하는 우리말 단어들을 앞, 뒷면에 각각 기입하여 사전 형태로 카드를 만드는 것이 언어를 성장시키는 단백질을 모으는 과정의 출발점이다.

"맨땅에 헤딩"도 불사하자

이제 둘째 문단을 공부할 준비가 되었다. 첫째 문단을 다 공부하고 나서 둘째 문단을 공부하기 전에 여러분은 자투리 시간 ― 줄을 서서 기다리거나 엘리베이터 속에서 멍하니 서 있는 시간 등등 ― 을 이용하여 단어장들을 잠깐씩 보아 왔을 것이다. 형광펜을 들고 이제 둘째 문단을 향해 달려들자.

아마도 읽기가 눈에 띄게 쉬워질 것이다. 둘째 문단은 첫째 문단과 같은 문제를 다루고 있고, 많은 단어들이 반복될 것이기 때문이다. 한발 물러서서, 모르는 단어들을 표시하는 선들이 둘째 문단에서 얼마나 줄었는지 한 번 살펴보자. 여러 번 나왔던 단어에 또다시 줄을 그어 놓았다고 해도 그런 것은 걱정할 일이 아니다. 만약 첫째 문단을 공부하고 나서 둘째 문단을 공부하기 전에, 단어장에 나온 단어들을 알아본다면, 그것으로 충분하다. 뿌듯한 마음으로 셋째 문단으로 넘어가자.

반칙은 안 된다! 교재의 주제가 재미가 없기 때문에 그 교재를 내던져 버리거나 좀 더 흥미 있어 보이는 다른 기사로 넘어가려 마음먹어서는 안 된다. 북극에서 싸우고 있는데 지휘관에게 열대 지방으로 싸우러 가도 괜찮겠냐고 묻는 사오정 같은 군인은 없다. 전진하라! 돌격하라! 한 번에 한 걸음 ── 한 단어 ── 씩 끝까지 물고 늘어져라!

교재가 신문이라면 1면 끝부분에 다다를 무렵에는, 처음 문단들을 거의 빽빽하게 메워놓은, 색색의 표시가 상당히 줄어들 것이고, 그로 말미암아 큰 기쁨을 맛볼 것이다. 그 1면이 여러분의 발달 성적표이다.

게다가 정도의 차이는 있지만 모르긴 몰라도 여러분에게 백기를 든 단어들로 채워진 단어장도 수북이 쌓일 것이다. 가능한 한 많은 수의 단어장을 지니고 다니되, 모든 카드에 골고루 주의를 돌릴 수 있도록 카드들을 주기적으로 교체해 주자.

전통에 얽매인 교사들이라면 문법 5장만을 끝낸 상태에서는 수많은 단어의 다양한 변장술(형태 바꾸기)을 모르기 때문에 오로지 사전에만 의지하여 외국어 신문에 맨몸으로 뛰어드는 "맨 땅에 헤딩하기" 같은 일을 권하지 않을 것이다. 그런데 왜 그렇게 하느냐고?

여러 가지 이유가 있다. 중급 프랑스 어에서 내리 A학점을 받았어도 파리에 가서 기본적인 의사소통도 제대로 못하는 사람들이 얼마나 많은가! 신문과 책, 잡지, 또는 그 무엇이든 현실 세계의 자료들인 교재는 학생의 수준에 맞게 일부러 쉽게 만들어진 게 아니다. 이런 사실만으로도, 외국어를 공략할 힘과 엄청난 자신감을 얻을 수 있다. 전형적인 교재, 진정한 교재, 원어민이 자기 나라 신문 가판대에서 사서 자기 나라 커피숍에서 읽는 그런 종류의 교재를 가지고 속도는 느리지만 발전해 나가고 있다는 것을 깨닫는 순간, 비록 초보자일지라도 전투로 단련된 해병의 자부심 같은 것이 생긴다.

상황을 설정하여 대화를 암기하자

자, 이제 여러분은 문법책의 제6장을 시작하고 있을 터이고 교재의 두 번째 기사를 용감하게 헤쳐 나가고 있을 것이다. 그 두 개의 전선을 계속 지키면서 다른 도구를 집어 들자.

회화책을 펴들고 특히 발음 규칙에 주의를 기울이면서 머리말을 주의 깊게 읽어 보자. 그런 책들은 대개 우리말 어구, 외국어 번역, 적합한 발음을 우리말로 표시한 부분, 이렇게 세 부분으로 나누어져 있다.

그 언어에 대해 어느 정도 요령이 생기면 우리말 발음 표시는 필요가 없지만, 요령이 생기기 전까지는 꼭 필요하다. 하지만 발음을 표시하는 공인된 표준 방식은 없다.✱ 국제 음성 기호가 있지만 그런 것을 사용하는 사람은 아무도 없다. 왜냐하면 그 알파벳을 배우는 일이 다른 언어를 배우는 일만큼이나 어렵기 때문이다.

이제 회화책의 첫 쪽을 살펴보자. "안녕하세요?"를 외국어로 무엇이라고 하는지는 신문에는 나오지 않았고 문법책 5장까지도 아마 나오지 않았을 것이다. 바로 여기서 회화책이 등장한다! 회화책은 실제로 말하는 법을 배울 수 있는 첫 기회이다.

"예", "아니오", "저기, 부탁인데요", "고맙습니다", "안녕하세요", "만나서 너무 반갑습니다", "어떻게 지내세요?", "고마워요. 아주 잘 지내고 있답니다. 당신은요?", "좋습니다."

실생활의 대화에 쓰이는 이런 귀중한 표현들은 회화책을 활용하면 빠르게 터득할 수 있다. 하시만 이런 표현들을 단순히 터득하는 것에서 멈추면 안 된다. 회화책을 이용하여 원어민을 만나게 될 때 으레 쓰는 일상적인 대화 패턴을 짜 볼 필요가 있다. 연극에서 자신의 역할을 암기하는 것처럼 그렇게 해 보는 거다.

"처음 뵙겠습니다", "제 이름은 아무개입니다", "이름이 뭐죠?", "어디서 오셨나요?", "이곳에 오신 지 얼마나 되었나요?", "저는 당신네 나라 말을 잘 하지 못한답니다", "이것은 당신 나라 말로

✳톡톡 Tip

한글 표기로 외국어 발음을 익힐 것이냐 국제 음성 기호(사전에 나온 발음 기호)로 익힐 것이냐는 계속되는 논쟁거리이다. 미국의 경우 영어 표기로 외국어 발음을 익히는 방법이 널리 쓰인다고 한다. 우리 나라의 경우, 발음 기호를 통해 외국어 발음을 익히는 방법이 일반적이다. 그런데 정확한 영어 발음을 한글 표기를 통해 익힐 수 있는 방법을 제시한 사례도 있다. 헨리 홍의 《영어 발음 구구단》은 한국 사람이 발음하기 어려운 영어 발음의 원리를 이해하고, 발음 규칙을 익힐 수 있는 요령을 알려 주고 있다.

뭐라고 하나요?", "마실 것 좀 갓다 드릴까요?", "무슨 말인지 모르겠습니다", "다시 한 번 말씀해 주시겠어요?"

전통주의자들은 여기서 다시 눈살을 찌푸릴 것이다. "그건 언어를 배우는 게 아니지. 그건 몇 개의 문장을 앵무새처럼 읊는 법을 배우는 것일 뿐이야!"

그런 것만 하고 있다면 그들의 말이 옳을 것이다. 하지만 지금 여러분은 사전 역할을 해 줄 단어장을 모으고 있고 문법은 제7장 또는 제8장쯤 진도를 나가고 있다. 그러므로 몇 개의 쉬운 어구를 앵무새처럼 읊는 법을 배운다고 해서 쑥스러워 할 필요가 없다.

실생활에 쓰이는 몇 가지 말들을 주고받을 줄 알면 공부가 재미있어지고 그로 인해 더욱 높은 수준의 학습을 하고 싶은 욕구가 생겨난다. 거봐, 외국어가 술술 나오잖아! 이것을 위해 이 모든 것을 시작하지 않았던가? 물론 여러분이 외국어로 현지 정부가 최근 관세 협정을 파기함으로써 생길 경제적 결과에 관한 논쟁을 벌이고 있는 것은 분명 아니다. 하지만 어떤 사람에게 추운지 물어보고, 다음에 또 만나고 싶다는 말을 하고 있지 않은가 말이다.

학습 의욕이 엄청나게 고취되면 마술 같은 일들이 더 많이 벌어진다. 외국인과 대화를 나누다보면 더 많은 자료들과 더 많은 보석 같은 표현들을 발견하게 된다. 자신이 초보자라는 건 세상이 다 안다는 걸 잊지 말자. 무언가 이해가 안 된다면 다시 한 번 말해 달라고, 철자를 불러 달라고, 백지 단어장에 그 말을 적어 달라고 부탁한다 해서 탓할 사람은 아무도 없다.

외국인과 직접 부딪쳐서 경험해 보고, 그럼으로써 어느 정도 자신감이 붙으면 다시 그런 대화를 해 보고 싶은 마음이 굴뚝같아질 것이다.

이때 한 가지 주의할 점이 있다. 어쩌다 보면 자신이 자잘한 대화를 너무나 유창하게 할 수 있다는 걸 발견하고, 그래서 그런 능력이 이미 생겼다고 착각하게 될지도 모른다. 그럴 때는 신문과 문법책을 다시 한 번 보면 된다. 그러면 그런 생각이 싹 사라질 테니까!

호모 파베르, 도구를 이용하라

역사를 통틀어 최근까지는 독학으로 언어를 배우는 사람이 원어민의 육성을 들을 수 있는 뾰족한 방법이 없었다. 책에 나온 규칙에 따르는 수밖에 없었는데 이는 외국어의 발음을 알려 주기에는 터무니없이 부족한 것이었다.

그 후 레코드판이 나왔다. 테이프 녹음기가 나오고 그 뒤를 이어 바로 휴대용 카세트가 나오기 전까지는 레코드판이야말로 어둠을 가르는 한 줄기 빛이었다.* 이제는 휴대용 카세트 덕분에 언어를 배우는 사람이 조깅을 하거나 쇼핑을 하면서, 심부름을 하

✱ 톡톡 Tip

기술 발전은 저자가 감탄에 마지않는 휴대용 카세트에서 휴대용 CD 플레이어를 거쳐 오늘날 컴퓨터에 이르기까지 끊임없이 진화하고 있다. 특히 컴퓨터로는 인터넷을 이용해 다양한 강좌를 들을 수 있고, 커뮤니티 사이트를 통해 학습법, 교재 등 정보를 교환하고, 파일을 다운로드 하여 mp3 플레이어에 담아서 듣기도 하는 등 다양하게 이용된다.

러 가거나 걸어서 출근하면서 이어폰을 꽂고 그야말로 다양한 외국어를 들을 수 있게 되었다.

하지만 수많은 기술적 약진이 있을 때마다 그렇듯이 실망도 뒤따랐다. 차라리 카세트 강좌 따위가 없었더라면 굳건한 의지로 일을 해냈을 많은 사람들이 한때는 멋지게 포장되어 있던 외국어 강좌 테이프들을 벽장 속에 처박아 두고 있다. 그들은 기술이 학습을 대신해 줄 것이라 생각했던 것이다. 카세트테이프를 기계에 쑥 집어넣고 비튼을 누른 뒤 자동차가 휘발유를 빨아들이듯 언어를 빨아들이기만 하면 된다고 생각했다.

그런 허황된 기대는 지워 버리고 자기 할 일에 몰두하자. 그렇게만 하면 휴대용 카세트가 발명되었을 때 떠들어 대던 약속, 외국어 고수로 만들어 준다는 그런 약속이 정말로 이루어질 것이다.

지금 여러분에게는 적절한 카세트 강좌가 있는가?

카세트테이프에 라벨이 잘못 붙어서 배우고 싶은 외국어가 아닌 다른 외국어 강의가 들어 있는 경우가 아닌 이상 그것은 좋은 학습 보조 도구이다. 최고라고 말할 수는 없을지 모른다. 어쩌면 최고와는 거리가 멀지도 모르고. 하지만, 그렇다고 문제될 것은 없다. 그 카세트테이프는 원어민의 정확한 발음으로 외국어의 단어들과 어구들을 들려 줄 것이다.

테니스를 할 때 한 사람만을 상대하고 싶지는 않듯이 한 가지 카세트 강좌만을 듣는 것으로 끝내고 싶지는 않은 것이 사람 마음이다. 하나씩 돌아가면서 꺼내 복습을 할 수 있을 정도이되 테이프 속의 대화가 어떻게 진행되는지, 또는 다음에는 어떤 내용이

오는지 잘 기억할 수가 없을 정도로 개수를 넉넉하게 가지고 있다면 카세트테이프를 이상적으로 소장하고 있는 셈이다. 금방 알아들을 정도로 친숙한 것보다는 내용이 약간은 수수께끼로 남아 있을 때 학생들은 애써 귀를 기울이게 된다.

기분 같아서는 시중에 유통되는 강좌를 말 그대로 모두 사는 것이 좋겠다. 그래도 여전히 외국어를 향해 떠나는 모험이 다른 것보다 "저렴하다고" 말할 수 있다.

공부를 시작하는 단계라면 녹음된 내용의 대본이 들어 있는 카세트테이프를 사야 한다.

처음 몇 번은 카세트테이프를 들을 때 교재를 눈으로 보면서 따라가는 것이 좋다. 내용이 조금 귀에 익으면 두 가지를 따로 공부해야 한다. 카세트를 가지고 다니자. 필사된 교재를 눈으로 따라 읽을 수 없을 때라도 카세트테이프는 들을 수 있을 것이다. 카세트테이프를 들을 수 없을 때라도 교재를 읽을 수는 있을 것이다. 그 둘이 서로 상승 작용을 일으키며 시너지 효과를 발휘할 것이다.

준비가 되었으면 ── 사실 준비가 되기 훨씬 전에 ── 카세트테이프에 결투를 신청하자. 테이프의 맨 처음부터 차례로 자신이 얼마나 많은 단어들과 어구들을 알고 있는지를 확인해 본다. 우리말이 나오면 일시정지 버튼을 눌러 카세트를 중단시키고 이렇게 자문해 보자. "이 말을 외국어로 뭐라고 하는지, 알고 있나? 거의 알고 있나? 일부분이라도, 그러니까 어떤 단어나 어구로 시작하는지, 어떻게 끝나는지 알겠는가? 최소한 부분적으로는 이걸 정복했다는 믿음을 가질 만큼은 된다는 것을 알고 있나?"

서둘러서 일시 정지 버튼을 풀지 말고 자신이 얼마나 잘 해냈는 지를 확인하라. 외국어 문장을 듣기 전에 생각할 수 있는 시간을 충분히 가져라. 그러면 내용이 기억 속에 강하게 박히게 될 것이다. 물체를 떨어뜨리는 지점이 높으면 높을수록 물체가 진흙 속으로 더 깊이 가라앉듯이.

그런 뒤에 다음으로 넘어가자. 아마도 여러분은 다섯 개 중 하나, 또는 네 개 중 하나를 맞출 수 있을까, 자문해 볼 것이다. 처음에는 상상이 안 되겠지만 카세트테이프에서 용어가 나올 때마다 자신이 정확하게 이해하는지 확인해 보는 식으로 결국 게임을 하게 될 것이다. 하지만 그것이 완전한 승리는 아니다. 단어를 생각하느라 멈추는 일 없이 그것을 해낼 수 있을 때 비로소 완전한 승리의 순간이 온다.

이제 학습법이 제 궤도에 오르면 가속도를 붙이자.

필살기 하나 **가능한 모든 방법을 동원하자**

외국어 정복 필살기

숨어 있는 시간을 찾아라

우리는 토끼와 거북이 이야기를 너무 어려서부터 들어왔다. 그래서인지 그 이야기를 동화라고만 생각하고는 그 속에 담긴 강력한 교훈을 무시하곤 한다. 남들보다 더 똑똑한 사람들도 있을 것이다. 그래서 더 빨리 배우고 더 많은 것을 기억할지도 모른다. 그런데 머리는 둔하지만 외국어에 통달하겠다는 목표를 향해 꾸준히 그리고 혹독하다 싶을 정도로 열심히 공부하는 사람과 너무나 뛰어나서 외국어 수업 시간에는 친구들의 질투의 대상이었지만 의욕이 없는 천재를 비교하자면 앞 사람의 승산이 훨씬 높다.

숨은 시간들, 그러니까 실질적인 일을 하는 데 쓸 생각은 결코 들지 않는 자투리 시간을 활용하여 언어 학습에 쓴다면 — 설령 그런 시간이 한 번에 15분, 10분, 아니 5초도 안 된다 하더라도——승리한 거북이가 될 수 있다.

이제 여러분은 문법을 꾸준히 공부하고 있을 것이고 또한 학교에서 했던 것과는 달리 그것을 즐기고 (아니면 덜 힘들어하고) 있을 것이다. 이해가 되지 않는 부분이 있으면 이해할 때까지 앞으로 나아가지 않고 그 부분을 붙잡고 해결해야 한다는 의무감을 더 이상 느끼지 않기 때문이다. 블랙홀 같은 몇 가지 문법 사항을 포기하더라도 시험에 낙방하거나 나쁜 성적을 받지는 않을 터이니 계속 앞으로 나아가자.

외국어 학습에도
시테크가 필요하다

여러분은 외국어 신문을 붙들고 씨름하면서도 그것이 현실 세계이고 일상의 언어가 그런 교재보다는 험난하지 않다는 것을 알기에 발전이 더디다 할지라도 마음이 한결 가볍다.

회화책을 통해서는 좋은 표현들을 모아 가면서 목표로 삼은 외국어를 실용적으로 구사하는 법을 학습하고 있으며 그 모든 귀중한 표현들을 자신이 맡은 연극 대사인 것처럼 예행연습을 하고 있다.

(아직은) 많은 것을 가르쳐 주지 않는 카세트테이프들이 지겨워지기 시작하고 있다.

여러분은 단어장에 적힌 단어들을 자기 것으로 만들고 있다.

지금쯤은 어쩌면 배우고 있는 외국어를 쓰는 누군가를 만나 보았을지도 모른다. 신참 순경이 처음 범인을 체포할 때처럼 인사말을 시도하면서 진땀을 뺐을지도 모른다. 그는 감사의 미소를 머금었을 것이고, 그 다음에는 우리말로 답을 해 주었을지도 모른다.

여러분에게 결함이 있다면 숨어 있는 시간들이 머지않아 치료해 줄 것이다. 하지만 먼저 숨어 있지 않은 시간, 즉 노력을 쏟아부어야 하는 학습 시간에 관해 말해 보자. 이 책은 정식으로 수업을 듣는 데 시간이나 돈을 쓸 수 없거나 그렇게 하고 싶지 않는 사람들을 위해 만들어졌다. 만약 매일같이 한 시간씩을 공부하는 데 바칠 수 있다면 만족할 만한, 심지어 극적이기까지 한 발전을 이루기에 손색이 없을 것이다. 만약 하루에 30분씩을 바칠 수 있다면 그래도 역시 안정적으로 학업을 성취할 수 있을 것이다.

규칙적으로 시간을 낼 수가 없는 입장이어서 여기서 한 시간, 저기서 30분, 그리고 일주일에 세 시간 정도를 내는 것이 최선의 상황이라면 그 정도로도 족하다. 그 시간을 계속 지키고 공부의 추진력을 유지해 가면 된다. 정원을 가꾸려다 그만두면 잡초가 무성해진다. 먹다 만 사과는 누렇게 색이 변한다. 마찬가지로 단어와 어구, 규칙, 숙어 등등의 언어 지식도 계속 갈고닦지 않으면 무용지물이 되고 말 것이다.

그러므로 합리적으로 낼 수 있고 규칙적으로 낼 수 있는 만큼 시간을 내어 분배하고, 그런 다음에는 숨어 있는 시간이 발휘하는 마력을 즐겨 보자.

한 번은 라디오 상담 시간에 어떤 금융 전문가가 나와서 사람들에게 자신의 금융 자산이 얼마나 있는지를 주의 깊게 조사해 보라고 권하면서 무심히 지나쳤거나 잊고 지낸 재산이 누구에게나 있기 마련이라는 말을 했다. 그 말을 듣는 순간 그 사람에 대한 신뢰가 사라져 버렸다. 정직하게 말해서 나는 내 주식을 단돈 75센트라도 과소평가할 만큼의 경제생활을 해 본 적이 없다고 생각한다.

하지만, 문제가 시간이라면 얘기가 다르다!

있는지 없는지도 몰랐던 그런 시간들만 이용해도 우리는 12개월 안에 외국어를 배울 수 있다.

해방을 기다리며 잠복해 있는 몇몇 숨은 시간의 사례들은 이미 앞에서 말했다. 이제 그 사례들을 다시 보고 조금 더 보태 보자.

엘리베이터를 기다리거나 엘리베이터에 타고 있는 동안, 전화를 걸어 상대방이 받기를 기다리는 동안, 상대방이 통화중이어서 기다리는 동안, 자동응답기에서 흘러나오는 음성 안내가 끝나기를 기다리는 동안 보내는 시간들은 우리가 무의식적으로 흘려보내는 시간에 속한다. 때로는 어쩔 도리가 없이 묶여 있어야 하는 그런 순간들이 있다. 전화를 끊어 버리기엔 너무 친한 친구가 끝없이 이야기를 해 대는 통에 그 친구에게 자신이 여전히 수화기를 놓지 않고 있다는 것을 확인시켜 주기 위해 끙 하는 소리를 내거나 "오, 저런", "어머나", 또는 다른 적절한 감탄사들을 뱉는 것 외에는 말 한마디 할 틈도 없는 그런 순간 말이다. 그럴 때는 그 친구는 무시하고 단어장에 주의를 돌려도 무방하다.

바로 거기에 주로 숨은 시간들이 있다. 우리는 겨우 엘리베이터와 전화기만 가지고 이야기했을 뿐이다. 네덜란드 사람들이 바다에서 땅을 도로 찾아와서 개발한 것과 똑같이 우리는 나날의 일상에서 시간을 도로 찾아올 수 있다.

은행이나 우체국, 공항 매표구에서, 버스나 기차 역, 또는 슈퍼마켓 계산대에서 줄을 서서 기다리는 동안 보통 무엇을 하는가?

이를 닦는 동안 무엇을 하는가? 바로 그때 어학용 카세트테이프를 들을 수 있다. 자동차에 주유를 하는 동안 운전대 앞에서 할 일을 만들어 놓았는가? 아니면 세탁기에서 세탁이 끝나기를 기다리는 동안은? 버스나 지하철을 기다리는 동안은?

여러분은 내가 무슨 말을 하고 싶어 하는지 알 것이다. 사람들이 보통 보내는 일주일을 정직하게, 그리고 꼼꼼하게 조사해 보면 언어를 공부하는 데 투입할 수 있는 수십 분의, 심지어 수백 분의 시간이 나올 것이다. 그런데 우리가 목표에 다가가기 위해 필요한 자투리 시간은 5초면 충분하다는 점을 잊지 말자.

시간을 쪼개서 공부를 하려는데 정작 필요한 것들이 없는 상황에 놓이지 않도록 준비를 생활화하자. 서류가방이나 핸드백을 가지고 다닌다면 문법책이나 신문, 나아가 사전도 항상 옆에 둘 수 있다. 회화책은 보통 얇기 때문에 외투 주머니에도 쉽게 들어간다. 외국어 신문은 잘 모셔야 할 신주단지가 아니다. 한 면을 잘라서 반으로 접은 다음 형광펜과 함께 가지고 다니자.

단어장을 미리 준비해 두지 못했다면 그건 변명의 여지가 없다. 현금 지급기 앞에 줄을 서 있거나 상점의 점원이 오기를 기다리는 등 뭔가를 하기가 곤란한 순간에는 단어장 더미를 꺼내어 활용해야 한다.

자투리 시간이 겨우 5초밖에 안 된다 해도 그 시간이면 단어장 한 장이라도 볼 수 있다. 그러므로 그 5초 동안 단어장에 적절한 노력을 기울여 보자. 먼저 우리말을 쳐다본다. 가령 "신발"이라는 단어라고 해 보자. "이 얼마나 대단한 순간인가. 지금 나는 외국어로 '신발'을 뭐라고 하는지 모른다. 그런 약점은 이제 몇 초 뒤면 없어질 것이다! 그 단어를 보고 한 번 획 지나간 후 기억에 남지 않는다 할지라도 그 단어는 결국 내 것이 될 것"이라고 자기 자신에게 최면을 걸자. 그 단어 하나의 중요성을 깨달을 필요가 있다. 사실, 그 단어가 어휘를 확장할 때 큰 몫을 하는 것이다. 이제 단어장을 뒤집어 보자. 목표로 삼은 언어가 에스파냐 어라면 카드의 다른 쪽에는 신발을 뜻하는 zapato가 적혀 있을 것이다. 지금은 설사 기계적으로 외우는 한이 있더라도 어떻게든 당신이 할 수 있는 방법으로 그 단어를 기억하도록 노력하자.

다음 단어로 넘어가자. 가지고 다니는 카드의 양이 충분히 많아야 할 것이다. 그렇지 않으면 같은 단어가 너무 자주 튀어나와서 기억력을 실제로 검증할 수가 없기 때문이다. 하지만 또한 너무 많은 카드를 가지고 있어서도 안 된다. 그렇게 되면 2~3일이 지나도 같은 단어를 다시 볼 수 없기 때문이다.

그 단어를 다시 보게 되면 재미있는 일이 일어난다. 그 단어가 결투 상대라고 생각해 보자. 내가 이길 것인가 그 녀석이 이길 것인가? 오직 우리말 단어만 쳐다보자. 기억을 되살리기 위해 안간힘을 써 보자. 그 단어를 결코 생각해 낼 수 없고 패배했다는 확신이 설 때까지는 카드를 뒤집지 말아야 한다.

몇 가지 언어를 구사할 줄 알고 이 학습 방식을 성공적으로 활용해 온 노련한 사람이라 할지라도, 방심하면 단어장을 우리말 쪽에서 외국어 쪽으로 너무 빨리 뒤집게 될 것이다. 도전하지 않고 노력하지 않으면 얻는 것도 없는 법이다.

은행이건 어디에서건 그 자리에 서서 단어장의 우리말 쪽을 쳐다보고 그 단어가 바로 생각나지 않을 때 다시 생각해 내려 애쓰고, 해낼 수 없으면 어떡하나 걱정하면서도 포기하지 않으려는 태도, 이것이 가물거리며 사라지려는 기억을 붙들어 맬 최상의 방법이다. 그러다 갑자기 그 단어가 생각나서 카드를 뒤집어보니 자신이 정말로 맞았다는 것을 확인했을 때, 그 기분은 말로 표현할 수 없다.

그런 단어는 자기 이름을 잊어버리는 것보다 더 잊기 어려울 것이다.

귀와 눈을 쓰는 시간,
귀만 쓰는 시간

지금까지 여러분은 숨어 있는 시간을 (단어장을) 읽거나 (카세트테이프를) 듣는 데 활용해 왔다. 그런 시간을 귀와 눈을 쓰는 시간이라고 하자. 시내에서, 또는 공원에서 걷고 있거나 조깅을 하고 있을 때, 만원 버스나 기차를 타고 있어서 뭔가를 읽을 수 없을 때, 밤에 차를 타고 있거나 운전을 하고 있을 때, 그럴 때는 분명 단어장을 활용할 수가 없다. 하지만 그런 시간들 역시 숨어 있는 시간들이며 외국어를 머릿속에 주입하는 데 더할 나위 없이 좋은 기회이다.

그런 시간을 귀만 쓰는 시간이라고 하자.

귀와 눈을 쓰는 시간은 눈의 기능(단어장, 문법책, 신문)을 위해 사용하고, 읽는 것이 전혀 불가능한 그런 시간은 귀의 기능(카세트테이프 듣기)을 위해 남겨 두는 것이 좋겠다. 더 간단히 말해, 듣거나 읽을 수 있을 때는 읽어라. 오직 '들을 수밖에 없는 때를 대비하여 듣기는 아껴 두자.

머리에 학교를 끼워라?

뉴욕 사회교육센터를 비롯한 여러 교육 기관들을 대상으로 세미나를 할 때 이 외국어 학습법을 이야기한 적이 있다. 학생들에게 "머리에 학교를 끼고"(이어폰을 꽂고) 걸으면서, 또 뛰어가면서, 한가로이 거닐 때도, 이웃에 심부름을 갈 때도 카세트테이프를 들으며 공부하라고 충고하면 학생들의 표정은 어두워지곤 했다. 그 표정은 마치 "지금 하는 것만으로도 충분하단 말이에요. 하루에 할 외국어 공부는 이미 마쳤어요. 즐거운 마음으로 걷고 달리게 해 주세요. 자연과 경치를 감상하게 해 주세요"라고 말하는 듯했다.

직접 경험해 보기 전까지는 나의 주장이 지나친 것 아닌가 하는 생각이 들지도 모른다. 하지만 길에서 카세트테이프를 듣는다고 해서 유유자적하는 산책과 자연을 즐기며 걷는 맛을 잃어버리는 것이 아니다. 오히려 더 잘 즐길 수 있다. 듣기를 즐길 수 있는 재미있는 작은 게임들을 생각해 내면 된다. 내 경우를 말해 보자면, 카세트테이프를 틀고 나서 모르는 외국어 단어가 나올 때까지 들는다. 그런 다음 정지 버튼을 누르고 그 단어를 알아내기 위해 정신을 집중한다. 잠시 뒤에 재생 버튼을 다시 누르고 모르는 단어가 나올 때까지 듣는 식으로 똑같은 과정을 되풀이한다.

운동을 하면서도 공부를 하고 있다는 것을 깨닫는 순간 행복한 상승 작용이 일어난다. 아름다운 주위 풍경을 즐기는 과정에서 외국어 실력이 늘고 있는 것이다. 속도를 늦추어도 좋다. 꽃이나 조개껍질을 모으듯이 "몇몇 새 단어들을 모으는" 것에 자족해도 좋다. 잠깐 동안 테이프를 멈추고 이어폰을 벗어 목에 걸고 한숨 돌리는 것도 괜찮지만, "재미" 있는 생활과 "공부" 하는 생활을 분리시키지 말자. 외국어 공부를 하면서도 여러 가지 활동들을 즐길 수 있도록 해 보는 거다.

잠자리에서 일어나 체조를 하고, 이불을 개고, 아침식사를 준비하고, 이를 닦고, 목욕이나 샤워 후에 몸을 말리고, 설거지를 하는 이 모든 순간들, TV나 라디오를 켜는 그런 시간에 어학용 카세트테이프를 듣자.✽ 수동적으로 듣는 것은 안 듣는 것보다야 낫겠지만 큰 효과가 없다는 것을 잊지 말자! 카세트테이프를 들을 때, 우리말을 듣고 외국어로 말하는 연습을 꾸준히 해야 한다.

"숨은 시간을 활용하는 것"은 그 자체로 언어 학습의 삼박자를

물론, CNN, NHK, BBC, 중화 TV 등은 예외다. 뿐만 아니라 국내 케이블 채널에서 방영되는 외국 드라마도 좋은 어학 자료가 될 수 있다.

갖추고 있다. 그런 시간을 이용하면 공부에 득이 되는 측면 말고도 삶이 즐거워지는 효과가 생긴다.

외국어를 배우거나 다른 어떤 일을 하는 데 숨어 있는 시간을 이용하려 하지 않는 사람들은 참으로 불행한 사람들이다. 지루하고 짜증스러운 표정으로 무기력하게 줄을 서서 기다리는 그들의 모습을 한 번 보라. 여러분도 그런 줄에 들어가면 똑같이 지루함과 짜증에 물들 수 있지만 단어장을 뽑아드는 순간 그런 것들은 사라져 버린다.

외국어 학습은 일상생활을 하면서도 부수적으로 할 수 있는 일이다. 해야 할 어떤 유용한 일을 하고 있는 와중에도 외국어를 충분히 공부할 수가 있다는 말이다. 여기에서 다시 딘 마틴이 칵테일을 홀짝거리던 소녀에게 했던 말을 떠올려 보자. "내가 흘린 게 네가 마신 양보다 더 많겠다!" 흘려버리고 말았을 짧은 순간들을 이용하는 것만으로도 여러분은 외국어를 배울 수 있다.

필살기 둘 숨어 있는 시간을 찾아라

외국어 정복 필살기

무작정
뛰어들어라

미국인과 유럽 인 얘기를 잠깐 해 보자.

미국인들은 다른 언어를 배우는 문제에 관한 한 자신들이 불리한 조건에 놓여 있다고 생각하는데, 그도 그럴 만하다. 여러 나라와 국경을 맞대고 있어서 수많은 낯선 언어들이 국경 바로 너머에 존재하는 작은 나라들일수록 거대한 미국보다 다른 언어들을 흡수하기에 좋은 조건을 갖고 있는 것이다. 미국은 두 대양과 이어져 있고 대륙으로는 겨우 두 나라와 이웃하고 있는데 그나마 그중 한 나라는 대부분의 지역에서 미국과 같은 언어를 쓰고 있으니 말이다.

누구나 아는 것처럼, 네덜란드 사람치고 네다섯 가지 언어를 구사하지 못하는 사람이 별로 없고 스위스 사람치고 최소한 세 가지 언어를 구사하지 못하는 사람이 별로 없다. 또 적어도 두 가지 언어를 구사하지 못하는 핀란드, 벨기에, 홍콩 사람들도 만나기 어렵다. 미국 사람들 앞에서 노르웨이 사람들과 스웨덴 사람들, 덴마크 사람들은 예의를 갖추기 위해 서로 유창한 영어로 말한다.

그 나라 국민들이라고 해서 특별한 지적 능력을 가진 것은 아닐 터. 그들은 그저 지리적으로, 그리고 역사적으로 한 가지 이상의 언어를 습득하기에 더 나은 위치에 있는 것뿐이다.

그러나 미국인들은 높은 패의 카드를 쥐고 있으면서도 그 카드를 써먹지 못하는 경우가 너무 많다. 미국인들은 외향적인 사람들이다. 어떤 이들은 경멸하는 투로 그렇게 말을 하고, 또 어떤 이들은 감탄하면서 그렇게 말한다. 하지만 미국을 잘 아는 사람들은 미국인들이 세상에서 유일하게 외국어 공부를 즐길 줄 모르는 사람들이라는 데 의견을 같이한다.

전형적인 유럽 인이라면 필요한 외국어를 구사하지 못할 때 치욕을 느낀다. 대부분의 세상 사람들은 유창하게 구사하지 못하는 언어를 말해야 하는 상황이 오면 위축되고 당황하고, 심지어 얼어붙은 듯 꼼짝 못하기도 한다. 미국인이라면 어떤 외국어를 제법 유창하게 구사하면 자신이 외국어에 통달했다고 여길 것이다. 그러나 유럽 인은 똑같은 수준으로 언어를 구사하더라도 자신이 그 외국어를 할 줄 안다는 사실을 종종 부인할 것이다!

외국어 학습에는 진짜로(!) 실수를 두려워하지 않는 용감한 정신이 필요하다.

외국어 한 마디만 알아도 곧바로 써먹자. 한 문장을 안다면 더 많이 써 먹자. 다섯 문장만 있으면 겁나는 게 없을 것이다. 이제 행동으로 옮겨 보자.

이야기를 나누자,
어서 말을 걸어 보자!

나방이 불을 보듯, 정치가가 선거를 대하듯 목표로 삼은 언어 속으로 달려들자. 프랑스에서 온 신사를 방금 소개받았는데 때마침 프랑스 어를 공부하고 있었다면? 물론 그를 공략해야 할 것이다.

프랑스 어를 배우는 중인데 유감스럽게도 아직은 썩 잘하지 못한다고 영어로 설명하면서 어색하게 실실 웃는 것은 당치않은 일이다. 그것은 뒷골목에서 강도를 만났을 때, 키득키득 웃으면서 호신술을 배우고 있는데 미안하지만 아직은 썩 잘하진 못한다고 강도에게 말하는 것과 같다.

그에게 이제 막 배우는 입장이라고 말하는 것으로 충분하다. 단, 그 말을 프랑스 어로 해야 한다. 공부하고 있는 언어가 무엇이건 간에 관용적이고 실용적인 표현들을 충분히 외워 두어야 한다. 그래야만 우연히 외국인을 만났을 때 더 많은 것을 얻을 수 있다. 회화책을 샅샅이 들여다보고 "당신 나라 말을 잘 하지 못합니다",

156
The System

"제 말 알아들으시겠어요?", "좀 더 천천히 말씀해 주세요", "다시 한 번 말씀해 주세요", "저건 당신 나라 말로 뭐라고 하나요?", "미안합니다만, 잘 못 알아들었습니다" 등과 같은 표현들과 자신 감을 북돋워 줄 그 밖의 다른 표현들을 다 익히기 위해서는 무엇 보다 먼저 회화책을 공부하라.

대부분의 회화책에는 "지팡이가 되는" 이런 표현들이 너무 적 다. 처음으로 우연히 외국인을 만나게 되면 연필과 수첩을 꺼내어 그런 표현들의 목록을 늘리도록 하자. "이제 겨우 당신 나라 말을 배우기 시작했지만 꼭 유창하게 말할 수 있게 될 거예요", "당신 나라 말을 배우려 애쓰는 외국인과 끈기 있게 이야기를 나누어주 실 수 있나요?" "나도 언젠가는 당신이 우리말을 구사하는 것처럼 유창하게 당신 나라 말을 잘 할 수 있을지 의문입니다", "당신 나 라 사람들이 친절한 것만큼이나 당신 나라 말이 쉬우면 좋을 텐데 요", 또한 "당신 생각에는 당신 나라의 어느 지방 사람들이 당신 나라 말을 가장 잘 하나요?" 등과 같은 말을 어떻게 하는지 공부 하자. 자신만의 대안을 활용해 보는 것도 좋다. 수십 가지 대화 패 턴을 달달 외우는 것이다. 그러한 대화 패턴을 잘 이용하면 실제 로 유창하게 외국어를 구사하는 느낌을 맛볼 수 있고 마음도 고무 되어 그런 기분이 결실로 이어지게 될 것이다.

외국어와 씨름하며 실제로 말을 하는 것과 그저 자리에 앉아서 머리로만 아는 것은 억만장자 기업가와 경영학과 교수만큼이나 큰 차이가 있다.

보는 것과 쓰는 것은
완전히 다르다

공작새가 한껏 자태를 뽐내는 자기 모습을 거울로 본다면 가슴이 벅찰지 그렇지 않을지 우리는 모른다. 외국어로 무언가를 쓰고 나서 그것을 쳐다보면 가슴 벅찬 느낌이 들지 그렇지 않을지 모르겠다.

한번 해 보자. 기껏해야 문법책에 나온 연습 문제를 손으로 종이에 옮겨 적는 것일 뿐일지라도 그것을 쳐다보면 흐뭇한 마음이 들 것이다. 유치원에 다니는 꼬마가 얼룩덜룩하게 물감을 칠해 놓고 기뻐 어쩔 줄 몰라 하며 엄마 아빠에게 그 그림을 얼른 보여 주고 싶어 안달하는 것처럼 말이다.

그것은 이상하고 어린아이 같고 자기만이 느끼는 경험이다. 그런데 외국어를 배우고 있을 때는 그런 것이 정말 많은 도움이 된다. 어서 한 번 써 보자. 그 외국어로 말하는 누군가에게 편지나 카드를 쓸 수 있다면 금상첨화이다. 외국 음식 전문점에서 웨이터에게 저녁 식사 주문을 써 줄 수 있다면 그렇게 하면 된다. 언어를 충분히 숙달했다고 느껴지면 곧바로 자신이 공부한 원서를 펴낸 외국 출판사 편집장에게 짧은 편지를 써서 그 책이 얼마나 많은 도움이 되는지 모른다고 말해 주자. 아니면 해당 국가의 대사에게 편지를 써서, 그 나라 문화가 얼마나 매력적인지 그 언어를 배우고 싶은 마음이 절로 생긴다고, 그런 나라를 대표하고 있다는 것을 축하한다고 말해 보자.

작은 노트를 항상 가지고 다니자. 우연히 원어민을 만나게 되면 새로 알게 된 표현들을 적어 넣을 수 있도록.

중국어를 배우고 있을 때 나는 배운 한자들을 흰 종이에 써 넣으면 엄청난 힘이 솟아나는 걸 느끼곤 했다. 그럴 때는 빨강 잉크를 쓰는 것이 더 좋았다. 가지고 다니던 신문 여백이나 광고물의 빈 공간에다 한자들을 되는 대로, 또는 조리 있는 문장으로 낙서하듯 적는 재미는 더 한층 쏠쏠했다.

써라! 써서 정복하고 굳혀라. 사람들의 말이나 글 속에 나오는 단어를 이해할 수 있고 그 단어를 정확하게 발음하면서 사용하는 것, 그리고 그 단어를 정확하게 쓰는 것을 통해 그 단어의 전투 사령관이 될 수 있다.

구슬이 서 말이라도 꿰어야 보배

잭 베니[1894~1974년. 미국의 코미디언. 슬랩스틱 코미디가 주를 이루던 시절, 스탠드 업 코미디의 새장을 열었다]가 한번은 할리우드의 바비큐 파티에 갔는데, 다른 코미디언이 그에게 아연실색할 정도의 폭언을 퍼부었다. 뭔가 항변이 필요한 순간이었다. 베니는 말 한 마디로 그를 간단히 제압했다. "우리 작가들이 여기 있으면 넌 뼈도 못 추릴 걸."

하지만 현실은 전혀 다르다. 여러분이 외국인을 만나 '어⋯⋯', '음⋯⋯' 하면서 쩔쩔 매는 상황이라면 어떻게 될까. 그 외국인은 인내심을 갖고 여러분이 잘 해내리라는 기대를 버리지 않는다면? 그런 상황에서 "사전과 회화책이 있다면 이렇게 곤란하지는 않을 텐데"라고 말한들 무슨 소용이 있겠는가.

외국어에 통달하기 위해 노력해 본 적이 있는 사람이라면 누구나 자신이 알고 있는 단어나 문장인데 필요한 순간 전혀 생각이 나지 않아서 겪는 좌절감이 어떤 것인지 안다. 골프 선수들이 좌절감에 때때로 골프채를 부러뜨리는 것처럼, 어느 순간 여러분은 카세트를 부수고 책을 갈기갈기 찢어 버리고 싶을 것이다. 여러 가지 세련된 표현들을 다 익혔고 그 표현들이 청산유수처럼 입에서 흘러나온다. 샤워를 하면서 그 표현들로 노래를 부르고 옷을 입을 때도 되뇌고 외투를 걸치면서 확인을 했는데 5분 뒤 원어민과 우연히도 함께 있는 친구와 맞닥뜨리는 순간, 머릿속에 모아 둔 그 모든 표현들은 한순간에 사라져 버리고 "만나서 반갑습니다"라는 말을 뭐라고 하는지 기억하려 애를 써야 하는 그런 때 말이다.

권총도 마찬가지다. 가지고 있는 것과 재빨리 꺼내는 것은 완전히 다른 일이다. 자신이 배운 지식을 유형별로 정리하고 있다가 실제 상황에서 그것을 본능적으로 즉각 끄집어 낼 수 있으려면 별도의 종합적인 훈련이 필요하다.

운동 경기의 감독들은 가능한 한 실전에 가까운 모의 경기를 치르게 한다. 요즘 조종사들은 진짜 비행과 같은 효과를 거두기 위해 컴퓨터 게임을 이용한 시뮬레이션 훈련을 받는다. 외국어를 배우고 있는 사람은 외국어를 실제로 사용하는 상황에서 자신이 갖고 있는 지식을 좀 더 쉽게 끄집어 낼 수 있도록 훈련하는 게임을 할 수 있다.

무엇보다 먼저, 단어 되살리기 연습을 하기 위해 실생활에서 외국어를 쓸 상황이 오기를 기다릴 까닭이 있는가? 일상생활을 하는 양 "여기서는 지금 배우고 있는 언어로 뭐라고 말하지?" 하고 자문해 보자. 누군가가 다가오면 뭐라고 인사를 할까? 그녀가 소개해 준 친구에게는 뭐라고 할까? 그녀에게 고맙다는 말은 어떻게 할까? "천만에요"라는 말, 또는 괜찮으니 신경 쓰지 말라는 말, 또는 포크를 좀 건네 달라는 말은 어떻게 할까? 매일매일 일어나는 일들을 자신이 배우고 있는 언어로 바꿔 보면 재미도 있고 도움도 된다.

그렇게 연습을 하면서 단어와 어구들이 순간적으로 떠오르면 메모지에 적어 두었다가 책을 다시 보게 되면 찾아보도록 하자.

카세트테이프를 복습할 때는 다음 우리말로 넘어가기 전 멈춰 있는 잠깐 동안에 그 외국어 어구를 생각해 내기 위해 노력하자. "카세트테이프의 다음 어구가 나오기 전까지 내가 이 표현을 떠올릴 수 있을까?"라고, 또는 길을 걷고 있을 때라면 "저 도로 표지, 저 가로등, 저기 길모퉁이, 저 보도 가장자리에 이르기 전에 내가 이 어구를 떠올릴 수 있을까?"라고 억지로라도 스스로를 압박해 보자. 그렇게 해서 얼마 전까지만 해도 의미 없는 음절들이었던 카세트테이프의 전체 내용을 이해하고 해당되는 외국어 표현들을 주저 없이 뱉을 수 있게 되면 게임에서 이긴 것이다.

우연히도 친구가 다가와서 외국에서 온 자기 친구를 소개해 주었을 때 분명하고 정확한 그 나라 말로 "만나서 반갑습니다"라고 말을 하게 되면, 그때는 갖고 있던 도구들을 부수지 않았다는 사실이 기쁘게 여겨질 것이다.

언어 훔치기

서로 다른 외국어 인사말들이 꼬리를 물고 이어지는 재미있는 수업이 있다.

에스토니아 인사말인 Kuidas(käsi käib)는 문자 그대로 하면 "당신 손은 어떻게 걷습니까?"이다. 중국의 옛 인사말인 "吃饱了, 没有?"는 "밥 먹었습니까?"라는 뜻인데 중국은 한때 정말 어려웠던 적이 있었다. 이디시 어의 매력적인 인사말인 "Zug mir a shtikel Toireh"의 뜻은 "토라(Torah) 한 수 가르쳐 주세요"이다. 여기서 토라는 유대교의 성서인 모세 5경을 말한다.

언어를 배우는 사람은 이 유대식 인사말, 곧 한 수 배운다는 정신으로 외국어 공부에 임해야 한다.

원어민을 우연히 만나게 되어 그 언어로 대화를 시작하면 분명 다음과 같은 세 가지 상황이 벌어질 것이다. 우선 필요한 단어를 몰라서 당혹스러울 것이다. 그리고 그 사람이 알아들을 수 없는 단어들을 쓸 것이다. 또한, 말을 하다가 틀리게 될 것이다. 하지만 이러한 순간들을 충분히 극복하는 습관을 길러야 한다.

단어를 모르겠다면 그 사람에게 물어보면 된다. 그가 사용하는 단어를 알아들을 수 없으면 무슨 뜻인지 물어보자. 말을 잘못하면 바로잡아 달라고 부탁하자. 그 부탁이 받아들여질 가능성은 그리 크지 않을 수 있다. 그 사람이 지나치게 예의를 차리거나 아니면 자기 나라 말을 배우려 애쓰는 모습에 감동해서 잘못을 지적하지 못할 수도 있다. 실수를 하는데도 그가 그냥 넘어가는 것 같은 느낌이 들면 상당히 긴 문장을 선택하여 그 문장 하나에서라도 무슨 실수를 했는지 알아볼 수 있도록 도와달라고 부탁하자. 그 문장을 백지 단어장에 적어 넣고 그 사람에게 다시 한 번 살펴봐 달라고 부탁하자. 그 순간 얻어낼 수 있는 것은 철저히 얻어내라. 라틴 어 경구처럼 "현재에 충실하라!"(Carpe diem)

외국어 공부를 시작하면서 가장 귀중하게 할 일은 그 외국어로 대화를 나누는 것이다. 또한 시작할 때 알고 있던 것에만 간신히 머물러서는 안 된다. 여러분은 그 언어를 축적해 왔다. 그런데 상대방의 언어 창고는 그보다 더 크다. 그 창고에 손을 내밀어 양껏 이용하도록 하자.

외국어 때문에 얻은 작은 행복

외국어를 완벽하게 터득하기만 하면 생활이 나아질지도 모른다는 생각이 든다면 그건 틀렸다. 여러분이 생각하는 것보다 훨씬 더 윤택한 삶이 여러분을 기다리고 있을 것이다.

다른 나라 말을 조금이라도 배우면 예상치 못했던 좋은 일들이 생긴다. 이 책을 읽고 싶어 하는 사람은 이미 외국어를 공부하기로 작정한 사람일 텐데 그런 일들이 무엇인지 자세히 설명하는 부분은 성가대에 설교를 하는 것처럼 여겨질지도 모른다. 하지만 설명 좀 하면 어떤가? 성가대원보다 성령에 더 깊이 감화될 만한 사람이 있겠는가?

아래의 경우들은 모두 랭귀지 클럽 회원들의 경험담으로 외국어를 구사하는 과정에서 생기는 작지만 신나는 보너스 같은 일들을 추려 낸 것이다. 그중 많은 사례들은 나도 개인적으로 겪은 적이 있으며 지금도 거의 매일 겪다시피 한다.

뉴욕을 비롯한 대도시 택시 운전사들 중에는 아이티 출신이 굉장히 많다. 다른 언어가 지닌 힘을 경험해 보려면 다음과 같이 한 번 해 보시라. 택시를 탔는데 운전사가 아이티 사람이라면 "Sa pasay, papa?"라고 해 보자. 이 말의 뜻은 프랑스 어의 'Comment ça va?'(어떻게 지내세요?)와 비슷하지만 프랑스 어가 아니다. 그 택시 운전사의 고향인 아이티 크리올 지방의 구어로서 아이티 사람이 아닌 사람이 그런 말을 하는 것을 그는 한 번도 들어 본 적이 없었을 것이다.

그 한마디 말로, 길고 느긋한 미소가 "그 말은 어디서 배우셨어요?" 하는 명랑한 말로, 다시 즐거운 너털웃음으로, 다시 "아이티를 잘 아시나 보군요!"라는 감탄으로 변해 가는 것을 보게 될 것이다.

자기 나라 말 몇 마디를 들으면 저도 모르게 마법에 걸려 버리는 것이 아이티 사람들뿐이라고 생각하면 안 된다. 그들은 단지 표현을 더 잘할 뿐이다. 루마니아 택시 운전사는 내가 루마니아 어로 "안녕하세요"라고 하자 미터기를 꺼 버리고 공짜로 태워 줬다. 그루지야 택시 운전사는 돈을 받지 않으려 하면서 일요일 저녁에 나를 자기 집으로 초대해 주었다. 정말 맛있는 저녁 대접이었고 제일 재미있는 저녁이었다. 인도네시아 택시 운전사는 자기 나라 말로 "고맙습니다"라고 하는 말을 듣자 소리를 질렀다. 그게 다였다. 그냥 소리를 지르는 것이었다.

나는 옛날부터 미국에 있는 모든 중국 음식점의 주방에는, 중국어를 조금이라도 알고 있다는 사실을 내보이는 미국인이 있다면 그냥 보내서는 안 된다고 전 직원들에게 지시해 놓은 메모가 붙어 있는 것은 아닐까 하고 생각해 왔다. 다음과 같이 해 보면 내가 그렇게 생각했던 언어의 힘이 어떤 것인지 맛볼 수 있을 것이다.

"젓가락"을 뜻하는 중국어는 筷子이다. 다음에 중국 음식점에 가게 되면 웨이터에게 웃으면서 "筷子"라고 말해 보라. 그가 젓가락을 가져오면 다시 한 번 웃으면서 "谢谢"(고맙습니다)라고 하라. 그렇게 하면 식사가 끝나고 난 뒤 무료 칵테일을 제공하는 것에서부터 음식 값을 받지 않겠다고 우기는 것까지 그 즉시 여러 가지 반대급부를 얻을 수 있다. 더 미묘하고도 기분 좋은 반대급부는 여러분이 다른 중국어뿐만 아니라 중국 음식까지도 알 것이라고 굳게 믿으면서, 갈 때마다 자신들이 차릴 수 있는 최고의 밥상으로 여러분을 대접할지도 모른다는 사실이다.

별 것 아닌 말 몇 마디를 안다는 것 때문에 받게 되는 보상은 사람들이 잘 알지 못하는 언어일수록 더 커진다. 독일인 제과점 주인은 가게에 들어서면서 큰 소리로 "Guten Tag"(안녕하세요)이라고 말한다는 이유만으로 과자를 팔아서 올리는 하루 매출을 선뜻 적선하지는 않지만, "Tungjatjeta"(안녕하세요)라는 말을 들은 알바니아 인 제과점 주인이라면 그렇게 할 것이다. "Comment allez-vous?"(어떻게 지내세요?)라고 말을 할 경우 프랑스 사람은 별다른 감흥을 보이지 않겠지만, 헬싱키에 가서 정확한 발음으로 "Hyvää Päivää"(안녕하세요)라고 말을 하면 방한용 장갑이 생길 것이다.

그렇다고 도를 넘지는 말자! 한번은 느닷없이 자신들의 모국어를 내뱉는 내 모습에 놀란, 잘 알려지지 않은 나라 출신 어느 택시 운전사 때문에 길거리로 내몰릴 뻔했던 적도 있었고, 또 한번은 유대인이 하는 반찬 가게에서 중국인 여종업원에게 중국어로 주문을 했더니 그녀가 너무 흥분한 나머지 주문을 뒤죽박죽으로 만들어 놓아서 손을 써 볼 수도 없었던 경험도 했다.

길을 걷다가 한 무리의 사람들이 이야기를 나누는 것을 듣고 그 나라 말로 그들에게 큰 소리로 인사를 하여 마치 거리 축제가 벌어진 것처럼 보이는 광경이 연출된 적도 여러 차례였다. 그들은 걸음을 멈추어 인사에 답하는 경우가 허다했고, 그러고 나면 나와 같이 있던 사람들과 허물없이 이야기를 주고받다가 자연스럽게 웃음이 터져 나오고 주소를 주고받고 다음에 만날 약속을 하고, 또 그 이상으로도 일이 진전되는 것이었다! 사냥을 하면서 기쁨을 느낀다는 것은 내겐 이해되지 않는 일이다. 내 즐거움이라면, 다른 나라에서 온 이방인들에게 정확한 언어로 인사를 하여 그들을 붙잡고, 그들이 금세 나와 오랜 친구처럼 되는 과정을 음미하는 것이다.

외국어를 공부하면 놀라울 정도의 물질적인 대가가 생기는 경우를 쉽게 예상할 수도 있고, 실제로 그런 일이 흔히 일어난다. 내 친구는 1990년대 초에 직원을 채용하기 위해 알아보고 있다고 말했는데, 연봉이 65만 달러였다. 자격 요건은 변호사이면서 러시아어를 구사할 줄 알고 모스크바 파견 근무를 자원하는 사람이었다. 하지만 나는 외국어를 공부하면서 얻는 정신적인 대가가 더 좋은 사람이다. 그 즐거움이 너무 강렬한 것이어서 영적인 즐거움이라 불러도 무방할 정도의 정신적인 대가를 말한다.

진정한 수학자는 대수에서 삼각법, 그리고 거기서 또 미적분으로 옮겨갈 때 점점 더 큰 즐거움을 느낀다. 그와 마찬가지로 진정한 언어 애호가라면 "제1외국어"에서 "제2외국어"로 진전해 갈 때 점점 더 큰 기쁨을 느낀다. 제1외국어는 모국어를 외국어로 통역하거나 번역하는 것이다(통역사는 말로, 번역자는 글로). 제2외국어는 자기에게 외국어인 어떤 언어를 역시 외국어인 다른 언어로 옮기는 것이다.

제2외국어 정도를 구사한다면 자신을 슈퍼맨으로 여겨도 좋다. 그렇다고 슈퍼맨처럼 행동해도 좋다는 말은 아니며 자신이 슈퍼맨 같다고 남들에게 말해도 좋다는 것도 아니다. 마치 따분하게 교외에서 뉴욕으로 통근하는 사람이 초행인 사람에게 그랜드센트럴 역과 뉴로첼 역 사이에 정거장이 몇 개 있는지 설명할 때와 같은 태도를 취하는 것이 바람직하다.

나는 헝가리 사람과 핀란드 사람을 위해 통역을 해 주었을 때 제2외국어를 하는 보람을 가장 크게 느꼈다. 핀란드 어와 헝가리 어는 세계에서 가장 어려운 언어들로 정평이 나 있다. 이 언어들은 서로 친척 관계에 있지만, 어떤 점에서도 도움이 되지 않으며 심지어 그런 관계인지조차 구별되지 않는다. 이 두 언어에 막연하게나마 유사한 단어가 있다면 그것은 다섯 개도 채 되지 않는다. 따라서 일본 사람과 폴란드 사람이 서로의 말을 알아듣지 못하듯이 헝가리 사람과 핀란드 사람도 서로의 말을 알아듣지 못한다.

나는 오랫동안 다음과 같은 상황을 꿈꿔 왔다. 극장 지배인이 무대 중앙에 나와 말을 한다. "극장 안에 핀란드-헝가리 어 통역하시는 분 계십니까?"라고. 나는 일단 시간을 두고 기다린다. 지배인이 극장 안의 모든 사람이 귀를 기울이도록 더 큰 목소리로 반복하여 요청할 때까지. 비록 상상이지만, 나는 마지못해 하는 듯 넌지시, 나의 존재를, 그리고 그 일에는 내가 안성맞춤이라는 사실을 알린다. 그리고는 자리에서 일어나서 무슨 일인지 모르지만 나의 언어적 재능을 요구하는 시급한 일을 향해 다가간다. 반면 극장을 제 집 드나들 듯하는 저 수백 명의 사람들은 자신들의 무능에 한숨을 쉴 것이다.

어느 날 저녁 정말로 나를 빛나게 해 준, 그와 비슷한 일이 생겼다. 유명한 여성 방송인 한 사람이 메디슨 스퀘어 가든의 마상쇼에 나를 초대했다. 그녀 역시 다른 한 쌍의 남녀에게 초대를 받았다. 그녀와는 전에 한 번도 데이트를 해 본 적이 없었다. 나는 내가 제일 초라하다는 느낌을 받았고 그래서인지 우리 네 사람이 좌석을 찾아 위쪽으로 빽빽한 관중을 뚫고 지나갈 때 마음이 편치 못했다.

그때 갑자기 작사가이자 작가, 연극 연출자이고 세계적인, 세기의 쇼비지니스 업자인 안나 소센코가 나를 발견했다. 안나는 다른 대작들과 함께 "Darling, Je Vous Aime Beaucoup"(내 사랑, 나 당신을 너무 사랑합니다)라는 노래의 노랫말을 지은 사람이다.

"이봐요, 배리" 안나는 스무 줄 가량 떨어진 좌석에서 관중들 너머로 이렇게 소리를 질렀다. "다음 주에 내 작업실에 좀 들러줄 수 있겠어? 당신이 와서 입센〔1828~1906년. 노르웨이의 시인이자 극작가. 사실주의 희극의 창시자이며, 대표작으로《페르 퀸트》,《인형의 집》등이 있다〕의 글을 번역해 줘야겠어!"

혹시 뽀빠이 만화 영화에서 시금치를 먹으면 뽀빠이의 근육이 금방 어떻게 되는지 기억하는지? 안나가 고함을 지른 후 내 위상이 바로 그렇게 바뀌었다. 나의 데이트 상대와 그녀의 친구들이 나를 돌아보았다. "입센이라고? 당신이 입센을 번역한단 말이에요? 어디서 입센을 번역하는 걸 배웠어요?"

그들은 분명 헨리크 입센이 어떤 언어로 글을 썼는지도 모를 것이다. 신경 쓸 것 없다! 진짜 왕자라는 것을 확신하는 한, 존경을 표하기 위해 그 왕자가 어느 나라 왕자인지 확인해야 할 필요는 없다. 그와 마찬가지로, 안나 소센코가 고함을 지른 것으로 모든 사람들은 내가 입센을 영어로 소생시킬 수 있다고 확신했다.

필살기 셋 무작정 뛰어들어라

Before the wedding

외국어와 결혼하기 전에 챙겨야 할 것

나는 이 책이 아직까지 한 번도 외국어와 혼인 서약을 하고 결혼 행진을 하며 "결혼을" 해 보지 못한 사람들에게 도움이 되기를 바란다. 만약 이미 다른 언어들을 몇 년 동안 공부했는데도 결과가 신통치 않아서 지쳐 있는 상태라면 앞에서 말한 것을 조언 삼아서 이번에는 탄탄한 두 번째 결혼을 하는 셈치고 다시 노력하자.

 신랑과 신부의 들러리들은 신랑 신부가 행진을 하기 전에 그들에게 시시껄렁한 말을 던지는 것이 전통이다. 이 글을 쓰는 시점까지 46년간 취미 삼아 외국어를 공부해 온 아저씨뻘 되는 조언자로서 이 기회를 빌려 여러분이 성공하도록, 그리고 재미있게 즐기면서 성공을 거두도록 보장해 줄 몇 가지 요점들 — 어떤 것은 앞에 했던 말의 반복이기도 하고 또 어떤 것은 사족이기도 하지만 —

을 단단히 다져 두고 싶다.

뛰어들기

　유명한 은행 강도 윌리 서턴은 한 인터뷰에서 왜 은행을 털었냐는 질문에 "돈이 거기 있으니까요"라고 대답했다. 배우고 있는 언어를 직접 사용하는 것은 거기에 진정한 배움이 있기 때문이다. 이와 비유될 수 있는 것이 스포츠와 전쟁이다. 구기 종목 선수에게 칠판 위의 도상 훈련을 보는 것과 실제 경기에서 적수를 대면하는 것의 차이를 어떻게 생각하는지 물어보라. 군인에게 기본 훈련과 실제 전투의 차이를 물어보라.

　언어를 공부하는 것과 언어를 직접 사용하는 것 사이에도 이와 똑같은 차이가 존재한다. 다음에 자신이 배우고 있는 언어를 사용하는 사람을 갑자기 만나게 되면 가장 최근에 배운 단어와 어구들을 한 번 떠올려 보자. 절망스럽게도 머릿속은 백지 상태 같을 것이다. 그러나 실생활에서 자신이 아는 것을 한 번 써 보고 나면 그 단어들이 생각날 가능성은 훨씬 커진다.

　그러므로 밖으로 나가서 배우고 있는 외국어로 말을 "걸어 보자." 마치 술 취한 싸움꾼이 싸움을 걸듯이 말이다.

　목에 걸려 넘어가지 않는 덩어리처럼 머릿속에 들어오지 않는 특정한 단어들과 어구들, 숙어와 문법 구조들이 저마다 있을 것이다. 외우려고 아무리 노력해도 소용이 없는 것들이다. 많은 학생들이 그와 같이 오를 수 없는 경지가 있다는 것을 근거로 들면서 "나는 청취력이 없어!"라고 생각한다. (그런데 그런 것이야말로 백해무익한 신화이다. 내가 제시한 학습법을 계속 밀고 나갈 동기와 의지가 있다면 "청취력" 같은 것은 아무 문제가 되지 않는다. 귀에 문제가 있는 게 아니라면 말이다.)

저 "난공불락의" 요새들 중 하나를 무너뜨리기만 하면 그 여세를 몰아 앞으로 나아갈 수 있다. 계속 저항하는 가장 가까이 있는 단어를 움켜쥐고 있는 힘을 다해 그 단어를 때려 보자. 한 번에 한 음절, 아니면 한 글자라도 씹어 먹어 보자. 미친 듯이 날뛰어서 그 단어가 결국 자기의 것이 되게 만들어야 한다.

무시무시하게 저항을 했던 단어를 우연히 다시 만나게 되면 그야말로 평온한 마음 상태가 된다. 이제 그 단어는 자신의 이름만큼이나 친근한 존재가 된 것이니까!

판매 시점 관리〔point of sale: 매장에서 판매 현황, 즉 언제 팔렸는지, 어디서 팔렸는지, 지불 방법은 무엇인지 등을 판매 시점에서 곧바로 파악할 수 있는 시스템〕라는 말이 있다. 대단히 쓸모 있는 용어여서 편의점 계산대 앞에 줄을 선 사람들과 일회용 면도기에만 국한해 쓰기 아까운 말이다. 외국어 학습에 그 말을 적용해 보자.

내가 가장 빨리, 그리고 가장 쉽게 배운 외국어 어구는 세르보크로아티아 어로 "이번에 저랑 춤추시겠어요?"라는 뜻을 가진 "Molim za ples"이다. 당시 나는 대학생으로서 유고슬라비아에 가 있었다. 체육관에서 학생들의 댄스파티가 있었는데 기가 막히게 매력적인 젊은 여성이 맞은편에서 나를 향해 미소를 짓는 것이었다. 나는 통역을 맡아 주었던 동료 다르코에게 "이번에 저랑 춤추시겠어요?"를 뭐라고 하는지 물어보았다.

"Molim za ples." 그가 대답했다.

나는 mo, lim, za, ples가 영어로 "May", "I", "have", "this", "dance"를 뜻하는 것인지 아닌지는 생각해 보지도 않았다. 나는 그런 것에 신경을 쓰느라 시간을 허비하지 않았다. 나는 그냥 강당을 가로질러 성큼성큼 걸어가서 "Molim za ples"라고 말하고는 유고슬라비아에서의 첫 댄스파티를 즐겼다!

다르코는 나에게 판매 시점 관리를 가르쳐 주었다.

그것을 이용해야 한다! 모레 음식점에 갈 일이 있는데, 그곳 웨이터들이 자신이 배우려는 외국어를 쓴다는 것을 알면 그동안은 자투리 시간에 일반적인 어휘를 익히지 말자. 당장 그때부터 자리에 앉아서 음식 이름과 주방용품들로 된 음식점 어휘를 작성하고, 음식을 다 먹고 레스토랑을 나설 때까지 그 어휘들을 집중적으로 공부하자.

주말에 파티에 갈 예정이라면 혹시 손님 중에 해당 외국어를 쓰는 사람이 적어도 한 명은 있는가? 그렇다면 단어장은 물론 회화책을 가지고 다니면서 "어디서 오셨나요?", "우리 나라에는 얼마 동안 머물 생각인가요?" 등과 같이 "사람을 사귀는" 데 쓰는 어구들을 다시 공부하자.

그 언어를 말할 기회가 곧 있을 것 같다는 판단이 들면 그날의 뉴스를 어림잡고 자신이 아직 모르지만 필요할지도 모르는 용어들("선거", "제안", "관세", "개정", "인질", "쿠데타" 등등)을 사전에서 찾아서 먼저 말을 꺼내 보자. 판매 시점 —— 예상할 수 있는 대화 시점 —— 에 도달했을 때 할 수 있는 최고의 것을 보여 주기 위해 노력을 집중하는 기민한 태도가 필요하다.

그런데 그 "보여 주기"는 다른 사람들에게 깊은 인상을 남기는 것이 아니다. 그것은 자기 안에 있는 어떤 요소를 자극하는 것이다. 너무나 잘 해내는 자신의 모습을 발견하면 그 언어를 앞으로 멋지게 구사할 수 있을 것이라는 희망과 그에 따른 의욕이 절로 솟아나게 된다.

경찰은 하루 24시간 경찰이다. 소방관도, 스파이도, 해군도 그렇고 언어 학습자도 그렇다. 하루에도 여러 번, 안에서건 밖에서건 언어에 사로잡히는 법을 배우자. 그리고 주위를 둘러보자. 먼저 눈에 띄는 것들 중에 외국어로 무엇이라고 하는지 모르는 다섯 가지 물건들이 있는가? 그렇다면 집에 오면 백지 단어장에 그 단어를 적어 넣고 사전을 찾아 그 단어에 해당하는 외국어 단어를 적어 보자.

최소한 하루에 한 번은 자신이 통역사가 된 기분으로 누군가가 말하는 내용을 외국어로 동시통역을 해 보자. 그 사람이 다섯 번째 단어를 말했는데 그 말을 외국어로 뭐라고 하는지 모르겠다면 연습을 중단하고 그 단어들을 다시 백지 단어장에 받아 적어야 한다. 돌아와서 사전을 찾는 대로 단어장의 외국어 쪽을 채워 넣자.

🐝 상벌 게임

정말 학습 속도를 배가시키고 싶다면 상벌 게임을 해 보는 것도 좋다. 이것은 하루 중 일에 방해가 되지 않는 짧은 시간에 언어를 떠올리도록 하는 간단한 훈련을 자신에게 강제해 보는 방법이다. 예를 들어, 어제 외운 열 개의 단어를 복습하기 전에는 모닝 커피 마시지 않기, 10장의 단어장들을 전부 틀리지 않고 통과하면 디저트 먹기, 숨을 멈춘 상태에서 방에 있는 다섯 개의 물건들을 외국어로 말할 수 있으면 포도주 한 잔 더 마시기, 꼬박 1분 동안 카세트테이프에 나오는 외국어 단어, 또는 어구를 테이프의 화자보다 더 빨리 말할 수 있으면 영화 보러 가기 등등의 규칙을 만드는 것이다. 실력이 늘어나면 2, 3분으로 시간을 늘려서 하자.

자신만의 규칙을 만들어 운영해 보자. 힘들지 않고 재미가 있을 것이다. 인격 수양도 된다. 게다가 그렇게 하면 떠밀리듯 앞으로 나가게 되는 효과, 더 빠른 결과를 얻게 된다.

🐝 불경한 말, 천박한 말

그런 말들은 잊어버려라. 우리말로 할 때에도 잘 모르는 사람에게 욕을 하면 누구나 신망을 잃는다. 그런데 애써 외국어로 험한 말을 하면 상황은 훨씬 더 심각하다.

강을 건너오는 난민들을 기다리던 헝가리 국경 오스트리아 쪽

요새에서 어느 날 밤 있었던 일이다. 거기 있던 많은 남자들은 모두 세 가지 언어, 영어, 독일어, 헝가리 어를 쓰고 있었다. 상당히 외설스러운 대화가 마구 터져 나왔는데 아주 재미있는 양상이 발견되었다. 우리가 영어로 추잡한 말을 서너 마디 하면 독일 사람들은 언제나 열여섯, 열일곱 마디를 했고 헝가리 사람들은 서른다섯 마디 이하로 하는 법이 없었다!

다른 사람이 하는 시시껄렁한 말을 알면 재미가 있는 건 사실이다. 하지만 그런 것은 결국에는 기분을 불쾌하게 만든다. 그러니 그런 말은 그냥 버리는 게 낫다. 사회적으로 용인되지 않는 말들은 오직 방어적 목적에서만 잘 다루게 된다면 아무 문제가 없다. 그렇게 되면 어떤 말을 하지 않아야 하는지 알게 될 것이고 입에 담아서는 안 될 위험 수위에 있는 말들을 사용할 때 경계심을 발동할 줄 알게 될 것이다.

이에 관해서는 중세 유대 철학자인 마이모니데스의 말을 따르는 것이 좋겠다. "고상한 것은 어떤 언어로 말해도 좋다. 비열한 것은 어떤 언어로도 해서는 안 된다."

🫐 꼬리에 꼬리를 무는 외국어

외국어 하나를 완벽하게 터득하기만 하면 다른 외국어들이 훨씬 쉽게 다가온다고들 말한다. 꾸며낸 말이 아니다. 첫 외국어는 올리브가 가득 찬 병에서 처음으로 꺼낸 올리브와 같다. 그걸 꺼내고 나면 나머지는 술술 흘러나오지 않는가.

더욱이, 두 번째 외국어는 첫 번째 외국어와 아무런 관계가 없어도 된다. 처음에 이탈리아 어를 터득했다면 중국어는 더 쉬울 것이다. 일본어를 터득했다면 그리스 어는 더 쉬울 것이다. 처음으로 외국어를 정복하는 과정에서 언어의 원리가 터득되는 것이다. 12개국 언어를 쉽게 구사하는 사람에게 내가 어떻게 그렇게 될 수 있었냐고 물었던 적이 있다.

"어렸을 때 언어들을 배우기 시작했어요. 근데 제가 너무 게을러서 그만둘 수가 없었답니다!"라고 그는 말했다.

물론, 농담으로 한 말이지만 그 말 속에 진실이 담겨 있다.

제대로 말하기

언어를 배우면서 정말 미칠 것 같은 일들 중 하나 — 언어를 배우는 사람이면 몇 번이고 겪게 될 일 — 는 대화를 하던 원어민의 얼굴이 갑자기 멍해지는 것을 볼 때이다. 여러분이 말한 단어를 그가 알아듣지 못하는 것이다. 그는 여러분에게 한 번 더 말해 달라고 한다. 여러분은 그렇게 한다. 그는 이번에도 알아듣지 못한다. 여러분은 그 말을 또다시 반복한다. 천천히, 더 큰 소리로. 마침내, 좌절과 절망, 그리고 수치심이 몰려들고 여러분은 이제 그 단어를 적거나, 아니면 책에서 찾아 그에게 보여 준다.

그제서야 그는 알아듣는다. "아" 하고. 여러분이 제대로 말하지

못해 생긴 칠흑 같은 어둠이 인쇄된 활자의 번쩍이는 섬광에 환하게 밝아지는 순간이다. 그러면 그는 열두 번은 더 말해 주었건만 알아듣지 못했던 그 말을 정확하게 반복해 준다.

이럴 때일수록 슬기롭게 대처해야 한다. 까마귀 고기를 먹은 심정이겠지만 패배를 인정하자. 비록 그 순간 기분은 엉망이겠지만 그가 말한 것에서 무언가 찾아내려고 노력해라. 그의 말은 여러분이 했던 말과는 조금이라도 다를 것이다. 다음에 또 원어민을 만나서 그가 별반 토를 달지 않고 교정된 여러분의 발음을 알아듣는다면 그때는 억지로 먹어야 했던 까마귀 고기가 꿩고기처럼 맛있었다고 생각될 테니까!

언어를 배울 때는 분명한 이유도 없이 잘 되는 날이 있고 안 되는 날도 있다. 공부가 잘 안 될 때는 간단한 인사말조차 심혈을 기울여야 겨우 나온다. 공부가 잘 될 때는 정말 무엇에 홀린 듯이 앞으로 나가는 느낌을 받는다. 밀물이 차오르면 모든 배는 돛을 올린다. 계속 공부에 매진하자. 잘 되는 날은 더 잘 되고, 안 되는 날도 더 나아질 것이다.

하지만 사람들이 자신의 말을 알아듣는다고 거기에 자족해서는 안 된다. 아무리 우둔하고 아무리 평범한 사람들이라 하더라도 그 중에는 자신들의 언어 외에 다른 언어로 의사를 전달할 줄 아는 사람들이 있는 법이다. 계속해서 완벽을 추구해 나가야 한다. "그 사람은 자기가 거물인 줄 안다"라고 말하면 개념은 이해가 되겠지만 "megalomaniac"(과대망상증 환자)이라는 단어를 찾고 있는 영어 학습자를 그런 말로 만족시킬 수는 없을 것이다. 더욱더 많은 단어들을 배우면 자신이 표현하고 싶은 내용의 중심으로 점점 가까이 다가갈 수 있고 새로운 지평이 열리고 넓어지는 경이로움을 경험하게 된다.

말할 것이냐, 말하지 않을 것이냐

새로운 것을 배울 때는 너무 나서지도 말고 너무 침묵을 지키지도 말아야 한다. 언어를 서투르게 구사하면서 빠른 속도로 말을 하는 것은 좋지 않다. 그렇게 하면 손님으로 북적거리는 레스토랑에서 주문을 지체시키는 볼썽사나운 광경을 연출하게 된다. 마찬가지로, 부끄럽다고 해서 연속해서 대화를 주고받을 수 있는 좋은 기회를 사양해서도 안 된다.

일행을 이끌고 뉴욕에 있는 프랑스 음식점에 가서 모든 주문을 프랑스 어로 하겠다고 고집을 부렸던 초보자의 사례를 본보기로 삼자. 프랑스 인 웨이터는 그 가엾은 사람의 말을 알아들을 수 있으리라는 희망을 재빨리 버리고서 기지가 넘치는 외교적 언사로 그를 한 방 먹였다.

웨이터는 알자스 지방의 수풀에서 송로버섯을 따도 좋을 만큼의 본토박이 프랑스 어투로 "죄송합니다만, 저는 프랑스 어를 할 줄 모릅니다"라고 말했다.

"프랑스 어를 할 줄 모른다니요!" 자기를 과시하려던 운 없는 그 사람이 버럭 화를 냈다.

"Non, monsieur."(예, 모릅답니다) 종업원이 말했다.

"좋아요, 그렇다면" 하고 그가 말했다. "할 줄 아는 사람 좀 오라고 해요!"

언어는 테러리스트도 평화주의자로 이끈다

다른 나라의 언어들을 알면 평화를 이루게 될까? 어떤 이는 이렇게 말한다. "그렇지 않다. 다른 나라의 언어를 알면 더 깊고 강도 높은 분쟁에 더 많이 말려들 뿐이다." 다른 이는 말한다. "물론이다. 언어를 알면 평화가 온다. 내가 진짜 하고 싶은 것은 그와 함께 앉아서 그 나라 말의 불규칙 동사를 배우는 것인데 어떻게 그에게 방아쇠를 당길 수가 있겠는가?" 나는 뒤의 말에 전적으로 공감한다. 언어를 배우면서 그 나라와 국민에 대해 충분히 배우지 않는다는 것은 있을 수 없는 일이다. 그리고 대개의 경우 어떤 나라와 국민에 관해 배우는 사람들은 그 나라에 어느 정도 감정이 이입되어 가고 그 나라를 옹호하게 된다.

유고슬라비아에서 세르비아와 크로아티아가 싸울 때 나는 못본 체할 수가 없다. 또한 어느 한쪽을 편들지도 못한다. 그들은 모두 내가 세르보크로아티아 어를 배울 때 많은 도움을 준 사람들이니까. 나는 그들이 모두 협력하여 잘 지내기를 바란다.

언어를 조금만 알고, 그리고 그 국민을 조금만 알면, 심지어 과격한 유격대원이라도 한 사람의 평화 운동가로 전향할 수가 있다!

🐝 외국어 공부에 끝은 없다

학습을 생활화하자. 내가 제안한 모든 방식대로 모든 도구들을 활용하는 한편으로, 공부하는 도중에 스스로 효과있다고 생각되는 다른 방법이 있다면 무엇이건 활용하여 계속해서 나아가야 한다. 배우는 내용을 연습 문제나 혼자 하는 상황 설정 속에서가 아니라 진짜 실생활의 대화와 읽기, 쓰기, 독해 속에서 사용해 볼 기회를 끊임없이 찾아보자.

"이제 다 왔다"고 할 날은 언제일까? 더 이상 언어를 "공부하는 중"이 아니라 "다 배웠다"고 할 날은 언제일까?

그런 날은 결코 없다! 적어도, 결코 없는 척이라도 해야 한다. 여러분은 언어적 영아기를 거쳐 유아기, 소년기, 청년기, 장년기로 계속 성장해 갈 것이다. 단편적인 지식이 쌓여 언어 구사력이 형성될 것이다. 그리고 그 언어 구사력은 점점 늘 것이다. 유창함의 수준도 점점 더 높은 단계로 심화되어 갈 것이다.

그러나 제일 좋은 태도는 외국어를 완벽하게 터득하려는 노력은 영원히 미완의 과제로 남아야 한다고 생각하는 것이다.

> 한숨 돌리는 시간

두 마리 쥐 이야기

두 마리 쥐가 속절없이 덫에 걸려 있었다. 배고픈 고양이가 곧 덮칠 태세였다. 피할 길이 없었다.

마지막 순간 쥐 한 마리가 작은 발을 입 쪽으로 가져가더니 소리쳤다. "멍멍!"

고양이는 옆으로 비켜서더니 달아나 버렸다.

그러자 그 쥐는 다른 쥐를 돌아보며 이렇게 말하는 것이었다.

"봤지, 이게 다 외국어를 알아둔 덕을 보는 거라고!"

How to learn any language

3 Appendix

랭귀지 파워 키우기

외국어를 공부하려고 애쓰는 많은 사람들은 외국어를 제대로 가르쳐 주지 않은(거부했다고 말해도 좋다) 다수의 사람들에게 항의하는 반란을 일으켜 왔다.

외국어 교육을 지배해 온 것은 프로이센 근위대 같은 "강단"의 문법 학자들이었다. 그들은 동사의 활용, 명사의 어미변화, 불규칙과 예외들을 모두 완벽하게 터득하고 나면 그 다음에야 외국어가 확실히 유창해지는 법이라고 가르쳤다. 하지만 그 결과는, 8년 동안 외국어를 공부하고 좋은 성적을 받았지만, 정작 그 나라의 호텔에서 프런트 직원에게 메시지 들어온 것이 있는지도 제대로 물어보지 못하는 불운한 사람들이 줄줄이 양산되었다는 사실이다!

책과 문법책으로 무장한 "강단"의 엄격한 가르침 앞에서 실용적인 표현과 회화를 배우겠다는 우리의 바람은 무너져 버렸다.

오늘날 외국어는 더 이상 "선택 사항"이 아니다. 사람들은 어느날 문득 외국어를 제대로 구사해야 할 필요가 있다는 것을 처음으로 절감하면서 사설 어학원으로 몰려들고 카세트테이프 전집을 사고 있다. 중고등학교에서 배우고 대학에서도 외국어를 배우고 있음에도 자신들이 "배운" 언어를 쓰는 사람이 라디오에 나와 말을 하면 그가 전쟁을 선포하는 것인지 음식점을 추천하는 것인지 알아듣지 못하는 것이 현실이다.

고등학교, 또는 대학에서 배운 것만 가지고 외국어 구사 능력을 요구하는 일자리를 얻은 졸업생이 단 한 명이라도 있겠는가? 잔인한 질문이 아니다. 대부분의 사람들은 학교에서 배운 지식으로 그럭저럭 살아갈 수가 있다. 수학도 그렇고, 역사도 그렇다. 그런데 외국어에 관한 한, 우리 졸업생들이 값비싼 사교육을 받으려고 몰려들면서 처음부터 죄다 다시 시작해야 하는 이유는 대체 무엇일까?

러시아 어 교수이자 뉴팔츠의 뉴욕 주립대 외국어 학부 초대 학장을 지냈고, 지금은 언어집중교육연구소 소장으로 있는 헨리 어반스키 박사는 미국 외국어 학습의 독보적 존재이다. 한때 어반스키 박사는 "집중 교육"이라는 이단 같은 방법 때문에 대학에서 활동을 금지당할 뻔했지만, 지금은 갈채와 존경을 한몸에 받고 있다.

그의 집중 교육 프로그램은 기계적인 규격화와 문법 숭배라는 전통적인 언어 교습법을 무시한다. 배워야 할 도표도 없고 과제도 없다. 억지로 시키지도 않고, 시험마저도 없다. 재미만 있을 뿐이다. 이 프로그램에서 강조하는 것은 교사와 학생간의 실제 대화이고 그런 대화는 모두 주말 동안 진행된다. 헨리 어반스키는 깨야할 규칙이 조금이라도 더 있다고 생각하면, 정말로 그런 규칙을 깨 버릴 사람이다.

어반스키의 집중 교육 프로그램은 모든 사람에게 열려 있다. 단한 번도 언어 교육을 받은 적이 없는 사람들이라도 언어를 전공하여 학위를 받은 사람들과 함께 참여할 수 있다. 또한, 이 둘 사이의 어느 수준에 있는 사람이라도 이 프로그램에 참가할 수 있다. 프로그램은 금요일 저녁 7시에 한 시간 동안 교육과 오리엔테이션을 받는 것으로 시작한다. 그런 다음 학생들은 소그룹으로 나뉘어 활기차고 열정적인 교사들의 지도 아래 외국어의 바다에 뛰어든다. 교사들은 참가한 모든 학생들과 탁구공을 주고받듯이 기초 대화를 주고받는다. 수업은 금요일 저녁 10시에 끝이 나는데 대부분 음식도, 술도, 잠깐의 담소도 거부하고 곧장 잠자리에 든다. 토요일 아침 일찍 일과가 다시 시작된다는 것을 알기 때문이다.

토요일 오후에 점심을 먹기 위해 수업이 중단되는 때조차도 외국어는 중단되지 않는다. 다양한 그룹들은 자신들이 배우고 있는 외국어를 쓰면서 함께 점심을 먹는다. 그런 다음 교실로 돌아가서 수업을 받는다.

토요일 해질 무렵이 되면 일부 학생들은 유체 이탈과 비슷한 현상을 체험했다고 말하기 시작한다. 어반스키는 "이 지속적인 충격이 여러분의 저항을 무너뜨려야만 무너진 둑 틈으로 성난 바닷물이 밀려들듯 새로운 언어가 밀려들어올 수 있다"고 농담을 던진다.

전날 밤에는 술을 한 잔 하면서 이야기를 나누자고 했던 학생들도 서둘러 잠자리에 든다. 마지막 날인 일요일 새벽에 일어나기 위해서다. 강습은 늦은 점심시간까지 에누리 없이 계속되고 점심시간이 끝나면 "졸업식"을 치른다. 그리고 모두들 다음에는 한 단계 더 높은 집중 교육을 받기 위해 다시 돌아오겠다고 맹세한다.

어반스키 박사가 원하는 것은 집중 교육을 받는 학생들이 재미있게 노는 것이다. 교육이 진행되는 시간에 복도를 걸어 보면(또는, 뉴팔츠 인근의 산으로 "언어 등반"을 하는 그룹을 따라가 보면) 웃고 박수치고 노래 부르는 소리와 에스파냐 어, 프랑스 어, 독일어, 이탈리아 어, 러시아 어, 그 밖의 언어들로 응원을 하는 듯한 소리를 듣게 될 것이다.

"왜 쓸데없이 학생들을 고생시킵니까?"라고 어반스키는 반문한다. "언어를 배우는 데 괴로움과 고통이 따라올 필요는 없습니다. 우리는 겁주지 않는 환경을 조성할 수 있다고 믿습니다. 학생들이 잘못했다고 벌 받는 것이 아니라 좋아졌다고 칭찬받는 그런 환경 말입니다." 집중 교육 프로그램을 수료한 어떤 이는 이렇게 덧붙였다. "축제 같은 분위기 속에서 외국어를 배우다 보니 정신도 또렷해지고 이해하기도 아주 쉬웠어요. 입에서는 새로운 단어가 술술 흘러나오고 문법의 고통은 씻은 듯이 잊어버렸답니다."

어반스키는 주말의 외국어 집중 교육을 받고 나면 곧바로 유엔의 통역실로 가서 외국 장관의 연설을 동시통역할 수 있다고 장담하는 것이 결코 아니다. 집중 교육을 통해서 언어에 대한 기초 교육, 그 언어의 단어와 억양에 대한 기본 지식, 다른 사람의 도움을 받지 않고 그 언어로 자신을 "방어할" 수 있는 능력 이상의 것을 갖출 수 있으며, 견실한 기초를 다지게 되어 자습을 통해서건 더 많은 강좌를 통해서건 언어를 숙달할 수 있게 된다는 점을 약속한다. 그는 주말 동안 집중 교육을 한 번 받았다고 학생들이 유창하게 외국어를 구사하게 될 것이라고는 주장하지 않는다. 어반스키는 이렇게 말한다. "우리는 외국어 생존 능력을 가르칩니다. 몇 번의 주말 집중 교육을 받고 나면 우리 학생들은 외국어에 대처하는 능력이 길러지게 됩니다."

연구소의 프로그램에 만족한 어느 수료생은 이렇게 말한다. "저는 공부를 더 계속할 수 있을 만큼 배웠답니다!"

파버의 재미있는 언어 이야기

우리가 연극 평, 영화 평, 서평, 음식점 평 등을 하는 것은 신뢰를 갖고 그 비평을 읽는 독자들이 어떤 연극과 영화, 책, 음식점 등에 시간과 돈을 들여야 아깝지 않을지 결정하는 것을 돕기 위해서다.

여기 여러 언어에 대한 비평을 싣는다. 이는 세계의 몇몇 대표적 언어들에 대한 짤막한 개요로서 그 언어들의 분포 정도와 유용성, 학습의 난이도, 앞으로 공부할 사람들이 알아야 할 독특한 특징에 관한 평을 담고 있다.

프랑스 어

프랑스 어는 세계에서 영어 다음으로 인기 있는 제2언어이다.

프랑스 어보다 사용자 수가 더 많은 언어들은 여럿 있다. 중국어, 영어, 힌두스타니 어(힌디 어와 우르두 어의 구어적 형태), 러시아 어, 에스파냐 어, 일본어, 독일어, 인도네시아 어, 그리고 심지어 포르투갈 어도 프랑스 어보다 사용자가 더 많다. 하지만 프랑스 어는 자주 들을 수 있는 말이고, 영향력 있는 이들이 빈번히 사용하는 말이다.

옛 프랑스 제국은 영국만큼은 아니지만 그래도 역시 방대했다. 그런 까닭에 프랑스 어를 쓰는 나라의 수는 알고 보면 깜짝 놀랄 정도이다. 중국어도 마찬가지지만, 프랑스 어는 캐나다와 아프리카, 레바논, 중동과 아시아, 카리브 해와 남태평양 전역에서 교육받은 계층과 정부 관리들이 쓰고 있는 말이기 때문에 미국과 인도네시아, 필리핀, 싱가포르, 미얀마, 베트남, 런던, 그리고 그 외 지역의 차이나타운에서 쓰이는 중국어보다 문화적 파급력이 더 크다.

프랑스 어는 지금은 더 이상 "외교 언어"라는 평판에 값하지 못한다(제2차 세계 대전 이후 열린 정상 회담들 중 단 하나의 간단한 생각이라도 프랑스 어로 의사소통을 할 수 있었던 회담이 몇 번이나 된단 말인가). 하지만 걱정할 것 없다. 프랑스 어는 여전히 전 세계 교양인들의 언어로서 존경과 경외의 대상이다.

프랑스 어는 언어 학습의 난이도에서 중간 정도에 위치한다. 문법은 고맙게도 간단하지만 제대로 된 프랑스 말투의 정확한 발음은 하기가 어렵다. 또한 몇몇 이유 때문에 서툰 프랑스 어는 서툰 독일어나 이탈리아 어, 에스파냐 어, 또는 그 밖의 다른 어떤 언어보다 훨씬 못한 대접을 받는다. 프랑스 어 원어민의 귀와 태도는 용서를 모른다.

명사의 격은 없지만 동사 활용이 있고 형용사는 명사에 일치해야 한다. 접속법은 프랑스의 젊은 세대도 점점 무시하고 있는 추세지만 꼭 배워야 한다.

에스파냐 어

미국 사람들에게는 에스파냐 어가 "자연스러운" 제2언어인 듯하다. 북부, 중부, 남부에 에스파냐 어 사용자 센터가 가까운 곳에 있고 에스파냐 어가 점점 더 널리 퍼지고 있기 때문일 것이다. 미국 사람들은 프랑스 어보다 에스파냐 어를 잘 하는 것이 더 쉽다. 에스파냐 어는 좀 더 발음이 쉬워서 프랑스 어에서 흔히 보는 것처럼 단어의 마지막 문자 몇 개가 묵음이 되는 것으로 인한 어려움이 없다. 또한, 프랑스 어에 비하면 에스파냐 어를 정확히 발음하는 것은 어렵지 않다.

에스파냐 어의 문법은 프랑스 어와 비슷하지만(다른 로망스 어들도 모두 그렇다) 인격을 시험하는 접속법 시제가 기다리고 있다.

에스파냐 어를 공부하는 사람들에게는 기분 좋은 깜짝 사건들이 기다리고 있다. 에스파냐 어를 공부하면 라틴아메리카와 에스파냐 여기저기를 가 볼 수 있을 것으로 기대할 것이다. 그런데 필리핀의 나이든 세대, 심지어 이스라엘(그리스, 터키, 유고슬라비아,

불가리아)의 에스파냐계 유대인들과 대화를 나눌 수 있다고는 생각하지 않을 것이다. 그들이 쓰는 말은 라디노(Ladino)라고 하는데 15~16세기 에스파냐 어와 히브리 어가 섞인 것으로 히브리 문자로 씌어진다. 에스파냐 어를 공부하면 아마도 수많은 멋진 기회들이 생길 것이다. 에스파냐 어를 공부하는 사람들은 누구나 포르투갈 어를 반값에 얻을 수 있는 선택권을 가지는 셈이다.

포르투갈 어

포르투갈 어를 발음이 불분명하고 비음이 심한 에스파냐 어의 사촌쯤으로 무시해 버려서는 안 된다.

포르투갈 어를 사용하는 브라질의 인구가 매우 빠르게 성장한 것만으로 포르투갈 어는 세계의 대표적인 언어가 된다. 포르투갈 어를 대서양 한가운데로, 앙골라와 모잠비크 같은 아프리카 나라들로, 인도의 고아 지역으로, 그리고 심지어는 인도네시아의 티모르 섬으로 옮겨 놓은 사람들은 먼 옛날 포르투갈의 해양 탐험가들이었다.

포르투갈 어는 중국어, 영어, 힌디우르두 어, 러시아 어, 에스파냐 어, 일본어, 독일어, 인도네시아 어에 이어 세계에서 아홉 번째로 널리 사용되는 언어이다. 그러므로 주류에서 벗어나지 않으면서 색다른 것을 추구하는 언어 "쇼핑객"들이라면 포르투갈 어를 선택하는 것이 현명하다.

포르투갈 어의 비음은 프랑스 어보다 쉽고 문법은 에스파냐 어보다 아주 조금 어려운 편이다. 에스파냐 어를 먼저 배운 사람이라면 포르투갈 어는 언제나 배송 중에 손상된 에스파냐 어같이 들릴 것이다(그냥 우스개 소리일 뿐 포르투갈 어를 모욕하는 것이 아니다. 독일어를 먼저 배운 사람에게는 네덜란드 어 발음이 이와 마찬가지이고, 노르웨이 어를 먼저 배운 사람에게는 덴마크 어 발음이 그와 같다. 러시아 어를 먼저 배운 사람에게는 세르보크로아티아 어가 꼭 그렇다).

독일어

독일의 경우 아직까지 독일어를 쓰는 식민지들을 남기지 않았다. 하지만 그런 식민지들을 남겨 놓은 것이나 마찬가지이다. 독일어는 독일과 오스트리아의 주된 언어이면서 스위스의 3대 언어 중 하나인데다, 헝가리나 유고슬라비아, 체코, 슬로바키아, 폴란드, 라트비아, 리투아니아, 에스토니아 등에서는 자국을 찾아오는 외국인들에게 그 나라 주민들이 제일 먼저 건네 보는 말이 놀랍게도 독일어이다. 폴란드와 국경을 접하고 있는 독일의 동쪽 국경에서부터 멀리 동쪽으로 모스크바까지, 그리고 북쪽의 발트 해에서 아래로 지중해까지 쭉 이어진 땅을 모두 아우르는 지역에서 사실상 다 그렇다. 동유럽에서 이후 다시 여론 조사를 하면 영어가 독일어를 근소한 차로 앞지를지도 모르지만 여전히 유럽 전역에서,

그리고 다른 곳에서도 독일어 사용자의 수는 엄청나게 많을 것이다. 중부 유럽의 강대국으로 독일을 재건하고 있는 독일이 통일됨으로써 독일어의 중요성은 더 강화되었다.

독일어의 끝없는 종속절 중 하나에 파묻혀 있을 때라면 믿기지 않겠지만, 독일어 문법은 어려운 것은 아니다. 문자 그대로 번역하자면 "아시아의-아르마딜로의-짝짓는-습관을 한 번도 명확히 연구한 적이 없는 슐츠 박사"라는 식으로 공중제비를 도는 형용사절 뒤에 독일어 명사가 나오기를 기다리느라 점심시간이 다 지나갈 수도 있고, 동사는 심지어 더 오래 기다릴 수도 있다. 하지만 그것은 요령이 생기면 해결되는 문제이니 독일어가 영어의 일족이라는 사실을 기억하자. 영어와 독일어는 친척이기 때문에 두루두루 도움을 받는 일이 생길 것이다.

독일어에는 성은 세 가지가 있다. 또 공식적으로 명사의 격은 네 가지가 있지만 그것들은 쉽다. 딱 하나의 격에서만 명사 자체가 어미변화를 하고 나머지는 선행하는 관사와 형용사, 또는 다른 수식 어구가 대신 책임을 진다.

과학, 철학, 오페라에 관심 있는 사람들과 국제 무역 분야에서 좋은 직장을 찾으려는 사람들이 독일어를 공부하면 이점이 많다.

이탈리아 어

라틴 어를 가지고 고군분투한 적이 있는 사람이라면 그저 휴식을 취하는 기분으로 이탈리아 어 문법책을 집어 들어도 좋다. 이탈리아 어는 쉬운 라틴 어, 즐거운 마음으로 뛰어들 수 있는 라틴 어이다. 동사의 유형은 세 가지가 있지만 명사의 격은 없다. 프랑스 어와 달리 이탈리아 어 발음은 교회의 종처럼 명료하며, 문자의 음을 지배하는 표준 규칙을 터득하고 나면 한 장의 글을 다 읽을 수 있고 자신의 뜻을 전할 수도 있다. 영어의 tough, weigh, night, though 등과 같이 정자법〔正字法: 음성 언어를 문자 언어로 옮기는 데 사용하는 사회적 규칙. 앞의 예에서 보면 gh는 묵음으로 음운에 정확히 대응하는 철자는 아니지만 바른 표기로 인정된다〕에 숨은 함정도 없고, 그 외 기만적인 수십 개의 철자법도 없다. 외국인으로서 그런 것들을 배우지 않아도 되니 고마워해야 할 것이다.

오페라, 예술, 포도주, 요리, 역사, 고고학 등은 이탈리아 어를 배우고 싶어지게 하는 매력적인 분야들이다. 이탈리아 사람들은 자국의 언어를 배우려 노력하는 외국인들에게 세계의 대표적 언어를 사용하는 다른 어떤 나라 사람들보다 더 친절하다. 프랑스에서 제법 무난하게 프랑스 어를 말해 보려 했을 때, 프랑스 사람은 십중팔구 무슨 말인지 이해는 하겠다는 인색한 반응을 보일 것이다. 반면 이탈리아에서 그렇게 이탈리아 어를 말해 보려 한다면, 십중팔구 "와, 우리 나라 말을 할 줄 아는군요!"라는 폭발적인 찬사를 듣고 에스프레소 커피도 무료로 제공받을 것이다.

네덜란드 어

네덜란드 어는 거대한 이웃 언어인 독일어의 희미한 그림자쯤으로 무시해 버리기 쉽다. 아니면 암스테르담에 나이 든 숙모가 있는데 그 숙모가 고가의 미술품을 소장하고 있기에 비위를 맞추려고 관심을 가지는 언어 정도로 생각할지도 모른다. 하지만 그렇게 섣불리 판단해서는 안 된다. 네덜란드 어는 자국 사람들뿐만이 아니라 수백만의 벨기에 사람들이 사용하는 언어이기도 하다. 그 말은 공식적으로는 플라망 어라 불리지만 실상은 가명을 쓴 네덜란드 어에 불과하다. 또한 수백만의 교육 받은 인도네시아 사람들도 네덜란드 어를 사용한다. 이는 4백 년에 걸친 네덜란드 식민 통치의 역사적 반향이다. 더 나아가 네덜란드 어는 보어 인(보어 Boer는 "농부"를 뜻하는 네덜란드 어이다)을 선조로 둔 남아프리카 백인들의 언어인 아프리칸스 어의 모국어이다. 아프리카너〔남아프리카 태생의 백인을 가리키는 말〕들은 네덜란드 어를 이해할 뿐만 아니라 앨라배마 사람이 영국식 영어를 하는 사람을 존경하는 것만큼이나 네덜란드 어를 존경한다.

미국인이 배우기에는 독일어보다 네덜란드 어가 훨씬 단순하다. 성이 딱 두 가지 뿐이다(남성과 여성이 아니라 일반과 중성이라는 점이 무척 기이하다). 동사의 어미변화는 독일어보다 적고 어순은 독일어보다는 영어에 더 가깝다.

공연히 네덜란드 어를 아름다운 언어로 생각하는 척하지 않아도 괜찮다. 네덜란드 사람들 스스로 자신들의 언어가 거칠다고 농담을 할 정도니까. 네덜란드 어는 아랍 어나 히브리 어, 러시아 어, 페르시아 어보다 후음이 많다. 네덜란드 어 후음 연주를 듣고 싶다면 네덜란드 어를 할 줄 아는 옆 사람에게 "Misschien is Uw sheermesje niet scherp genoeg"를 말해 달라고 부탁해 보면 된다. "당신의 면도날이 별로 예리하지 않은 모양이군요"라는 뜻이지만 뜻은 아무 상관이 없다. 그 짧은 문장 속에 다섯 개의 후음이 터지는데 그 발음을 하려면 그레이하운드 버스가 기어를 차례대로 다 바꿀 때 배기관에서 나는 소리를 내야 한다!

네덜란드 어를 배운다면, 독일어를 공부하기로 작정하는 때에 비해 최소한 40%의 학점은 이미 따고 들어가는 것이다.

러시아 어

러시아 어는 중국어, 영어, 힌두스타니 어에 이어 세계에서 네 번째로 사용자가 많은 언어이다. 러시아 어를 정확히 말할 수 있도록 배우는 것은 매우 어렵지만, 러시아 사람들은 외국인들이 부정확한 러시아 어를 구사해도 느긋하게 대하는 법을 이미 체득했다. 구소련이 개방의 물결을 탄 후, 그 나라 사람들과 현대사를 토론하는 데 매료된 기자들이나 그 밖의 사람들은 러시아 어를 아는 것이 참으로 기뻤을 것이다. 장기적으로 본다면 직장에서의 경력에 보탬이 되고자 언어를 배우려 하는 사람들에게 러시아 어는 여전히 유망한 종목이다. 아울러 체호프와 도스토예프스키를 원어로 읽는 즐거움도 누릴 수 있다.

러시아 어 알파벳을 보면 걱정이 될지 모르지만 그것은 괜한 걱정이다. 20분이면 다 외울 수가 있다. 그러나 진짜 장애물은 그 다음이다. 세 개의 성, 각각 다른 어미변화가 꼬리에 꼬리를 무는 유형별 명사들의 여섯 개의 격, 형용사처럼 행동하는 과거 시제, 그리고 성과 수, 시제뿐만 아니라 "상(相)"이라 불리는 것 — 완료상과 불완료상 — 까지 갖고 있는 동사 등등이 그것이다.

러시아 어를 알면 흡족한 일이 많이 생긴다. 의심과 두려움의 대상이었던 언어가 씌어진 신문이나 책을 미끄러지듯 훑어 읽게 되는 순간 제 살을 꼬집고 싶어질 정도로 기분이 좋을 것이다. 러시아 어는 독일어처럼 발음이 힘 있고 활기차면서 탁탁 부서지는 소리를 지녔는데, 그 발음들이 혀에서 튀어나오면 기분이 좋아진다. 러시아 어는 감사의 마음이 큰 언어이다. 그들은 외국인이 자기 나라 말을 하는 것을 들으면 뛸 듯이 기뻐할 것이다.

러시아 어를 선택하여 생기는 좋은 점 또 하나는 거의 12개나 되는 다른 슬라브 언어들 중 하나를 갑자기 배우고 싶거나 배워야 할 때 미리 예습을 해 둔 것과 같은 효과를 발휘한다는 것이다.

중국어

중국어는 공부의 대상이라기보다 실생활 속에 들어와 있는 언어이다. 안락의자에 앉아서 공부를 하고 있으면 중국어는 다른 어떤 언어보다 흡인력이 강해서 저녁 먹을 시간을 잊기 십상이다. 남들 몰래 조금이라도 더 공부를 하기 위해 필요 이상으로 이른 시간에 잠자리에서 일어날 정도로 중국어는 매력적이다. 거기에는 뭔가가 있다.

중국어는 지구상에서 가장 많은 사람들이 사용하는 언어이다. 전 세계에서 중국어를 모국어로 사용하는 사람이 없는 사회는 거의 없다. 내가 중국어 공부를 처음으로 시작했던 1940년대만 해도 노스캐롤라이나 그린스보로의 작은 마을에 이미 중국 음식점과 중국 세탁소가 있었다. 중국어 회화 실습을 하고 싶다면 코스타리카에 있는 중국 세탁소에서부터 이스라엘에 있는 중국 음식점까지 도움을 받을 수 있는 곳들이 도처에 널려 있다.

중국 본토의 공산당 정부와 대만의 국민당 정부는 중국 북부의 방언인 만다린 어가 중국의 국어라는 것에 의견을 같이한다. 만다린 어를 대신할 만한 말은 없다는 사실을 받아들여야 한다. 만다린 어가 아닌 다른 중국어 방언을 배우기 시작한다면 자신이 지금 무슨 일을 하고 있는지를 기억하자! 40년 전에는 미국에 있는 중국 음식점에서 만다린 어를 구사하는 중국인을 발견한다는 것이 거의 불가능했다. 그들은 모두 1800년대에 미국의 대륙간 철도를 건설하러 온 중국 노동자의 후손들로서 광둥 어를 썼다. 오늘날에는 미국의 중국 식당에서 만다린 어를 쓰지 않는 중국인을 발견하는 것이 거의 불가능하다.

중국어 구어는 아주 재미있고 쉽다. 중국어에는 "문법"이라고 할 만한 것이 없다. 동사, 명사, 형용사의 어미는 어떤 일이 있어도 변하지 않는다. 나는 언젠가 자신의 중국어 실력을 자랑하는 어떤 학생이 새로 중국어를 배우려는 학생들을 겁주려고 중국어는 질문마다 "예"와 "아니오"에 해당하는 말이 다르다고 넌지시 알려 주는 것을 본 적이 있다. 그것은 대체로 사실이지만 조금도 어렵지 않다.

중국어에서 우리가 "문법"이라고 생각하는 것에 가장 근접한 것은 "재미있는 관습"이라 부를 만한 것이다. 질문을 할 때 그들은 두 가지 가능성을 다 제시한다. 그러니까, "갈 겁니까?"라고 물을 때는 "갑니까, 안갑니까?", 또는 "갈 겁니까, 아니면 안 갈 겁니까?"가 되는 것이다. 만약 당신이 간다면 그 질문에 "예"라고 답하는 말은 "갑니다"이다. 가지 않는다면, "안 갑니다"라고 한다. 이와 마찬가지로 "운동할 겁니까?"라는 질문은 문자 그대로 번역해서 "운동할 겁니까, 안 할 겁니까?"가 된다. "예"라고 대답하려면 "운동할 겁니다"라고 말한다. "아니오"는 "운동 안 할 겁니다"가 되는 것이다.

중국어에는 알파벳이 없다. 각각의 표의 문자, 또는 문자는 그 자체로 완결된 것이어서 한 자 한 자 익혀야만 한다. 중국어의 한자는 5만 개가 있다고 한다. 겁낼 것 없다. 몇 백 개만 알고 있어도 아주 세련된 대화를 나눌 수 있고 2천여 개를 안다면 명나라의 연설가가 될 수 있다. 6천 개 미만의 한자로도 중국의 신문을 읽을 수 있다. 알파벳은 없지만 중국어에는 거의 모든 한자의 구성단위를 이루는 기본 요소인 214개의 부수(部首)가 있다. 중국 한자가 묶음별로 존재하여 가족 단위로 투항한다는 사실을 알면 더 빠르고 쉽게 전진하게 될 것이다.

문제가 한 가지 있다면, 그것은 각 한자의 발음이 언제나 오로지 한 음절, 한 음절씩이라는 점이다. 그러므로 한 가지 소리로 여러 가지 뜻을 나타내야 한다. 영어에도 그와 약간 비슷한 경우 — pier(선창)와 peer(동료)는 발음이 같지만 아무 관련이 없다 — 가 있지만, 각각의 단어가 오로지 한 음절로만 한정된다면 중복되는 발음이 얼마나 많을지 한 번 생각해 봐라. ("젓가락"을 뜻하는 중국어 단어가 筷子이고 "버스"는 公共汽车라는 것을 배우는 초보자들은 반발할지도 모른다. "젓가락"이라는 명사는 두 개의 분리된 단어(한자)이고 "버스"라는 명사는 네 개의 분리된 단어라는 것만 말해 두자!) 중국어 교과서에는 음 하나에만 75개의 다른 뜻이 있는 '스'라는 한자가 실려 있다.

중국어는 성조(tone)를 사용하여 수많은 뜻을 구별한다. 각각의 중국어 단어에는 음표처럼 특정한 성조가 매겨져 있다. 만다린어는 4개의 성조가 있고 광둥 어에는 9개의 성조가 있다.

만다린 어의 '우'라는 단어는 1성(聲)일 때는 "집"〔屋〕이고 2성일 때는 "거칠어질"〔芜〕을 뜻하며 3성일 때는 "순종하지 않는"〔忤〕을 뜻한다.

"어머니가 말〔馬〕을 꾸짖고 있다"라는 문장을 한 번 보자. 중국어 구어로 이를 번역하면 "마마마마"(妈妈骂马)이다. 그 문장을 의문문으로 만들어 "어머니가 말을 꾸짖고 있습니까?"라고 묻고 싶으면 마지막에 마(吗)를 덧붙이면 된다. 성조가 없다면 중국어는 난해한 잡음일 것이다. 그러나 정확한 성조를 쓰면 그 말은

"Peering at a pair of pears on the pier"라는 문장이 미국 사람에게 들리는 것처럼 분명하게 들릴 것이다.

이상적으로는 각 단어의 성조를 알고 단어의 성조가 변하는 상황을 알아야 한다. 하지만 그것은 중국어 학습이 일정한 수준에 달했을 때의 이야기이고 여러분은 원어민이 카세트테이프에 녹음해 놓은 성조를 최선을 다해 모방하기만 하면 그걸로 충분할 것이다.

중국어에 깃든 중국의 정신을 읽을 줄 알면 많은 부분이 해결된다. "내일"은 중국어로 "明天"인데 이는 문자적으로 "밝은 날"을 뜻한다. "좋은"을 뜻하는 한자〔好〕는 아이를 안은 여인의 모습을 문자적으로 그려 놓은 것이다. 어머니와 아이는 만사가 좋다는 것을 표상한다는 의미다. "평화"를 뜻하는 한자〔安〕는 지붕 아래 앉아 있는 여인을 그린 것이다.

이 모든 것은 정말 재미있지만 중국의 정신세계는 잘 해독되지 않는다. 마찬가지로, breakfast라는 단어가 실제로 뜻하는 것은 전날 밤에 마지막으로 음식을 먹고 난 뒤 계속되고 있는 "금식" 상태를 "깨는 것"이라는 사실을 안다고 해서 영국의 정신에 관해 얼마나 많은 것을 말할 수 있겠는가?

일본어

중국어와 마찬가지로 일본어 회화는 정말 쉽다. 하지만 문어는 복잡하다. 전시에 미국은 문어를 완전히 무시하고 곧장 구어를 배우는 방식으로 단시일에 일본어와 중국어 통역관들을 양산했다. 여러분도 그렇게 하고 싶을 것이다.

여러분은 분명 읽고 쓸 줄 아는 것보다 말하고 이해할 줄 아는 것을 더 우선시할 수도 있다. 하지만 나는 문어를 진지하게 공부하고 꾸준히 계속해야 한다고 생각한다. 말이 "토끼"라면 글은 최소한 "거북이"가 되어야 한다.

문어로서의 일본어는 지레 겁낼 만큼 그리 어렵지 않다. 일본 사람들은 중국어에서 차용한 수천 개의 한자를 사용하지만 그 한자들을 다른 식으로, 좀 더 제한적으로 사용하기 때문에 배우기가 쉽다.

일본어에는 걱정거리인 성조가 없으며 일본어의 문법은 동사와 명사, 형용사의 변화보다는 일정한 양식의 화법을 학습하는 내용이다.

일본어에는 중국어에서 볼 수 없는 명쾌함이 있다. 책과 카세트테이프로 일본어 단어를 배우면 여러분의 일본 친구는 여러분이 그 단어를 사용하려고 시도하기만 해도 무슨 말인지 알아들을 것이다.

일본어를 배우면 분명 상업적으로 도움이 되며 그런 경향이 커지고 있는 추세이다. 하지만 일본어 실력이 일본에서 사업을 할 수 있을 정도로 능숙한 수준에 결코 미치지 못한다 해도 일본에 초대를 받아 일본어를 구사하면 그들은 대단하다고 생각할 것이다.

아랍 어

아랍 어는 종잡을 수가 없는 언어, 후음의 언어, 공부하면 보람을 느끼게 되는 언어이다. 아랍 어를 손으로 쓸 때는 오른쪽에서 왼쪽으로 쓰는데 단어의 처음, 중간, 또는 끝 등 위치에 따라 글자가 각각 달리 씌어진다. 하지만 아랍 어를 배우면 중동으로 쭉 이어진 아프리카의 북대서양 해안에서 이란과 파키스탄 북부까지 환대받을 것이다. 아랍 어는 또한 종교적인 언어로서 아랍 어를 모국어로 쓰지 않는 전 세계의 이슬람교도들이 이 언어를 공부한다. 미국의 아랍 어 인구는 빠르게 증가하고 있다. 거리에서 아랍 어를 들을 수 있고 아랍 사람들이 많이 사는 미시간 주의 디어본 같은 곳에서는 가게에서 아랍 어로 물건을 사고팔 수도 있다.

아랍 어에 투자하면 이스라엘과 아랍 국가들이 반세기에 걸친 공개적 전쟁을 대체하여 상업과 개발을 염두에 둔 화해에 이를 때 이익을 얻게 될 것이다.

히브리 어

히브리 어는 가장 어려운 언어들 중 하나이고 히브리 어에 달려들기에는 사용자 수가 그리 많지 않다. 이스라엘과 미국, 그 밖의 서구 국가들의 작은 이스라엘 교민 사회에서만 쓰이는 말이기 때문이다. 소련에서는 최근까지 히브리 어를 가르치는 것이 불법이었으나, 유대인들이 이스라엘로 이민을 가려 준비하거나 소련 내에서 유대인의 정체성을 강조하고 있는 추세인 지금은 전국에 걸쳐 교실이 넘쳐나고 있다. 히브리 어는 전 세계에서 유대 교회가 있는 곳이면 어디서나 사용되고 있으며, 강한 유대식 교육을 받지는 않았다 할지라도 유대인의 혈통을 지닌 미국의 젊은이들 사이에서도 히브리 어 학습에 대한 관심이 솟아오르고 있다.

유대인이 아님에도 어쨌든 히브리 어를 배우기로 했다면 그토록 어려운 언어에 선뜻 발을 들여놓은 외부인을 고맙게 여기는 유대인들에게서 감사 세례를 받게 될 것이다.

일단 히브리 어 알파벳을 배우게 되면 이디시 어에서 사용되는 사실상 동일한 알파벳은 그냥 굴러들어오게 된다. 이디시 어는 15세기 독일의 하층 계급에 기반을 둔 언어로서, 히틀러의 학살이 있기 전까지 수백만 명의 동유럽 유대인들이 사용했으며 아직까지도 놀랄 만큼 많은 곳에서 사람들이 알아듣는 말이다. 히브리 어의 알파벳은 또한 "세르반테스의 에스파냐 어"인 라디노 어에서 쓰이는 알파벳이기도 하다. 라디노 어는 에스파냐의 종교 재판이 시작된 후, 지중해 동부 여기저기로 흩어졌던 에스파냐계 유대인의 "이디시 어"가 된 말이다. 미국인이 히브리 어 학원에서 히브리 어 알파벳을 배우면서 있는 줄도 몰랐던 언어로 된 책을 보다가 고등학교 때 배운 에스파냐 어를 가지고 그 언어를 읽고 이해할 수 있다는 것을 발견했을 때 맛보았던 전율은 그 무엇과도 비교할 수 없을 정도이다!

그리스 어

현대 그리스 어의 문법은 고대 문명의 그리스 어 문법에 비하면
약간은 덜 현란하다. 난이도로 보면 그리스 어는 프랑스 어와 러
시아 어의 중간 정도에 해당된다. 동사마다 두 가지 형태가 있으
며 인칭과 수, 시제에 따라 동사가 변화한다. 미래 시제는 영어처
럼 쉬운 편이다. 영어의 will과 같은 역할을 하는 tha라는 단어가
있다. 형용사는 성(3개가 있다)과 수에 따라 명사에 일치한다.

그리스 어는 고대뿐만 아니라 사라진 지 그리 오래되지 않은 학
자들 — 능숙한 라틴 어와 고대 그리스 어에 자부심을 가졌던 학자
들 — 이 물려준 명성을 자랑한다. 그리스 어를 공부하고 있자면
영어가 그리스 어에 빚지고 있다는 생각이 5분 단위로 들 것이다.
Zestos는 "매운"(zesty)을 뜻하고 chronos는 "시간", 또는 "해"를
뜻하며 "수"는 arithmo이다. 레스토랑에서 계산을 하고 싶으면
("logarithm"(대수)의) logariazmo를 달라고 한다. 날씨를 설명하
는 "맑은"에 해당되는 그리스 어는 ("catharsis"(정화)의) katharos
이고 "계절"은 epohi("epoch"(신시대))인 식이다.

그리스 어는 유럽에 있는 작은 나라의 언어에 불과할지 모르지
만 중동과 이집트, 아프리카의 여러 지역과 미국에 번화한 그리스
교민 사회가 있다. 왕성한 기업 정신을 지닌 그리스 인들이 세계
전역에 언어를 전파해 온 것이다:

스웨덴 어, 덴마크 어, 노르웨이 어

스칸디나비아 언어들은 스칸디나비아 반도의 한 나라 사람들이 다른 나라 사람들의 언어를 구사할 수 있을 정도로 비슷하기 때문에 한 덩어리로 묶인다. 비슷하다는 것은 여러분이 알아서 향유할 무엇이지 스칸디나비아 사람들에게 거론할 것은 못된다. 그들은 외부인이 "이런, 스웨덴 어와 덴마크 어, 노르웨이 어는 모두 비슷해!"라고 말하면 반감을 느낀다. 그들은 차이점을 누이 말하는 편이다. 20세기 초에 노르웨이에서는 별다른 이유도 없이 자국의 언어를 덴마크 어와 조금이라도 덜 비슷하게 바꾸어 보려는 대중 운동이 벌어졌던 것이다.'

만일 3개 국어 모두로 의사소통을 하는 것을 목표로 삼고 있다면 노르웨이 어를 제일 먼저 배우는 것이 좋다. 노르웨이 어가 스칸디나비아 언어의 중심이다. 덴마크 사람은 노르웨이 어는 편하게 구사할 수 있지만 스웨덴 어는 그보다 훨씬 못한다. 스웨덴 사람도 노르웨이 어는 편하게 구사할 수 있지만 덴마크 어는 그보다 훨씬 못한다. 노르웨이 사람은 스웨덴 어와 덴마크 어를 둘 다 편안하게 구사할 수 있다.

스칸디나비아 언어들은 영어권 사람들이 상대적으로 배우기 쉬운 언어이다. 그 언어들은 영어와 친척 관계인 게르만 어 계통의 언어들이지만 독일어보다 훨씬 배우기 쉽다. 동사가 인칭과 수에 따라 변하지 않으며 시제에 따라서만 약간 변할 뿐이다. 어순은 친절하게도 대부분 영어를 따라간다. 네덜란드 어처럼 스칸디나비아 언어들도 두 가지 성 —— 일반과 중성 —— 이 있고 정관사가 명사 뒤에 와서 하나의 단어가 된다(예를 들어, 노르웨이 어로 "a pen"은 en penn이지만 "the pen"은 pennen이다).

네덜란드는 영어를 공식 언어로 채택한 나라는 아니지만 영어를 유창하게 구사하는 사람들의 비율이 제일 높은 나라라고 한다. 스칸디나비아 3국이 그 뒤를 바싹 좇고 있다. 스칸디나비아 반도에서 어디를 가든지, 누구와 거래를 하든지 그들의 언어를 사용하지 않아도 무방하겠지만 스칸디나비아 사람들은 어쨌든 외국인이 자기 나라 언어를 안다면 제일 고마워하는 지구촌 사람들 중 하나에 속한다.

폴란드 어, 크로아티아 어, 체코 어, 슬로바키아 어, 슬로베니아 어

이들 서부 슬라브 어들은 로마 알파벳을 사용한다. 동부 슬라브 어들은 키릴 알파벳(때때로 러시아 알파벳으로 잘못 불리기도 한다)을 사용한다. 바르샤바에서 술을 몇 잔 마신 뒤에는 그런 말을 꺼내지 않는 게 좋지만 폴란드 어는 키릴 알파벳을 사용하는 것이 더 나을지도 모른다. '시/슈'와 '치'에 해당하는 폴란드 어 음은 폴란드 어 철자로 szcz라고 쓴다. 4개의 로마 알파벳 글자를 써야 하는 그 음은 키릴 알파벳으로는 1개의 글자만 있으면 충분한 것이다! 로마자를 쓰는 슬라브 어들의 철자법은 미친 듯 춤을 춘다.

작은 남부 마을의 신문 기자가 편집장에게 가서 "폴란드의 프슈치나(Pszczyna) 시에서 지진이 일어났습니다"라고 말했다. 그는 편집장에게 전보 내용을 보여 주었다. 편집장은 잠깐 눈살을 찌푸리더니 그를 쳐다보며 이렇게 말했다. "지진이 일어나기 전에는 지명이 무엇이었는지 알아내게!"

폴란드 어를 제외하고는 이들 언어들 중 자기 나라 밖에서 많이 사용되는 언어는 없다. 하지만 이들 언어를 가족 때문에, 사랑 때문에, 또는 사업상의 이유로 배우고자 한다면 문제될 것은 없다. 슬라브 어들은 모두 문법이 복잡하다. 로망스 어 계통의 언어를 사용하는 사람들조차 이해하지 못할 정도로 동사들이 변화한다. 모든 슬라브 어에는 명사의 격이 최소한 6개이고 때로는 7개가 있기도 한다.

이 슬라브 어들 중 어떤 것을 배워도 그로부터 얻게 되는 큰 보상은 러시아 어를 배울 때에 대비한 자동 계약금이 된다. 이미 다른 슬라브 언어를 알고 있다면 러시아 어는 아주 쉽게 배우게 될 것이고, 그 반대로 러시아 어를 이미 알고 있으면 다른 슬라브 언어들이 더 쉽게 다가올 것이다.

세르비아 어, 불가리아 어, 마케도니아 어, 우크라이나 어, 벨로루시 어

서부 슬라브 어들에 대해 앞에서 언급한 모든 것이 이 동부 슬라브 어들에도 적용되는데 한 가지 예외가 있다. 그것은 이 문자들이 언어별로 조금씩 변형된 키릴 알파벳을 사용한다는 것이다.

유고슬라비아〔1929~2003년까지 발칸 반도에 있던 나라. 남(南) 슬라브 족의 땅이라는 뜻. 1989년 사회주의 해체의 물결을 타고 크로아티아, 슬로베니아, 마케도니아, 세르비아몬테네그로, 보스니아헤르체고비나가 독립하면서 연방이 해체되었다〕의 주된 언어인 세르비아 어와 크로아티아 어는 놀라울 정도로 비슷해서 보통은 함께 묶여 세르보크로아티아 어로 분류된다.

어떤 언어든 슬라브 어 2개를 알고 있다면 다른 어떤 슬라브 어로도 의사소통을 할 수가 있다. 슬라브 학자들은 이런 말에 응수할지 모르지만 폴란드의 서쪽 국경과 우랄 산맥 사이, 그리고 러시아의 북극 쪽 끝에서 불가리아의 흑해 해변까지 사람들의 실생활에서는 그런 식으로 의사소통을 해도 아무런 지장이 없다.

인도네시아 어

인도네시아는 세계에서 가장 인구가 많은 이슬람 국가이다. 미국 크기의 남태평양 해역에 흩어져 있는 수백 개의 섬들로 구성된 인도네시아는 아주 큰 나라지만 대부분의 다른 나라에서는 이런 사실을 거의 모르고 있다. 땅 속에 광물성 자원이 풍부하여 경제적 초강대국이 될 가능성이 높음에도 불구하고, 인도네시아는 여전히 인도나 폴리네시아와 혼동되는 경우가 많다.

인도네시아 어는 세계에서 외국인이 배우기 가장 쉬운 대표적 언어이다. 인도네시아 어를 하인들과 상인들이 쓰는 유아어로 간주했던 식민지의 네덜란드 인들은 이 언어를 Pasar Malay(시장의 말레이 어)라고 불렀다. 1948년에 인도네시아가 독립을 쟁취하자, 통치자였던 수카르노는 이 무정형의 언어를 좀 더 편제되고 어려운 언어로 만들기 위해 몇몇 세련된 문법을 접목시키려 최선을 다했다. 그러나 성과가 없었다.

라틴 어나 러시아 어와 전투를 치른 사람들이라면 누구나 지금도 인도네시아 어에서 문법이라고 할 만한 것을 전혀 보지 못할 것이다. 동사를 명사로 전화시키거나 동사에 형용사적인 의미를 부여하는 등등의 역할을 하는 간결하고 규칙적인 접미사와 접두사는 많지만 인칭과 수, 시제, 상, 또는 다른 어떤 것에 따른 어형의 변화는 없다.

인도네시아 어는 로마 알파벳을 사용하며 발음하기가 쉬워서 기분이 좋다. 어떤 언어든 외국어를 공부한 적이 있다면 인도네시아 어로 의사소통하는 것이 너무나 빠르고 명쾌하다는 것에 놀랄 것이다.

인도네시아 어는 말레이시아와 싱가포르의 언어인 말레이 어와 매우 가까우며 필리핀의 대표적 언어인 타갈로그 어를 공부할 때 예습을 해 놓은 효과를 발휘한다.

힌디 어와 우르두 어

인도와 파키스탄의 구어인 힌디 어와 우르두 어는 너무 근접한 언어들이어서 진정한 언어 애호가라면 이 두 언어가 우리에게 친숙하지 않은 서로 다른 활자(산스크리트 어, 페르시아 어, 아랍 어의 혼합체)를 사용함에도 불구하고 과감히 뛰어들고 싶어진다. 인도 아대륙에는 다른 많은 언어들이 있지만 (통용되는 좋은 학습 교재가 없음에도) 여러 민족들을 결속시킨 것이 힌디우르두 어였다. 누구나 이 언어를 공부하면 중국에 이어 두 번째로 인구가 많은 이 지역 사람들과 대화를 나눌 수가 있을 것이다.

헝가리 어, 핀란드 어, 에스토니아 어

문법이 복잡하고 사용자 수가 상대적으로 적은데도, 가끔 볼 수 있는 모험가들은 피노우그리아 어족의 이들 세 언어에 자신을 학대하다시피 하면서 이끌린다. 대수학 수업이 끝난 뒤 교실에 남아 선생님에게 미적분을 가르쳐 달라고 조르는 중학교 3학년의 미움받는 아이라면 이 3개 언어중 하나를 해 보고 싶을 것이다.

이 3개 언어의 모든 단어는 첫 음절에 강세가 온다. 단어 하나하나, 이름, 그리고 모든 것이 그렇기 때문에 드릴로 보도블록을 뚫는 소리를 낸다. 핀란드 어에는 단수 명사의 격이 15개이고 복수 명사의 격은 16개이다. 헝가리 어와 에스토니아 어도 이에 못지않다. 그런데 명사의 격은 쉬운 부분에 속한다!

언어를 배우다 보면 그 언어를 모국어로 쓰는 사람들이 왜 자기 나라 언어를 배우고 싶어 하느냐고 의례적인 질문을 하는 경우가 종종 있다. 핀란드 사람이나 헝가리 사람, 또는 에스토니아 사람에게는 그들의 언어를 조금 알고 있다는 사실을 누설해서는 안 된다. 그러면 그들은 그냥 물어보는 것이 아니라 증인 심문을 하듯 질문 공세를 펼칠 것이다!

스와힐리 어

스와힐리 어는 1960년대 말부터 아프리카 인으로서의 뿌리를 찾고 싶어 했던 미국의 젊은 흑인들 사이에서 폭발적인 지지를 받았다. 스와힐리 어를 맹렬히 공부하여 터득한 사람은 누구나 스와힐리 어가 국어인 케냐와 탄자니아를 포함하여 중앙아프리카와 동아프리카에 사는 5천만의 사람들이 사용하는 언어를 구사할 수 있다. 스와힐리 어는 반투 족의 언어인데 스와힐리 어를 배우고 나면 사하라 사막 남부 아프리카의 비교적 작은 지역에서 사용되는 키간다 어, 키캄바 어, 키쿠유 어, 키냔자 어, 카차가 어, 킬루바 어, 키쇼나 어, 키줄루 어, 키콩고 어, 키두알라 어 등의 모든 언어들을 쉽게 배울 수 있다.

스와힐리 어는 로마 알파벳을 사용한다. 《스와힐리 어로 말해요》라는 회화책을 보면 스와힐리 어의 문법은 고맙게도 규칙적이고 논리적이기 때문에 kitakachonisahilishia 같은 단어들이 나온다고 해서 주눅 들지 말라고 충고한다.

영어

영어에 능통하다는 단순한 사실만으로도 자축할 만한 일이다. 그것은 고금을 통틀어 1등을 달리고 있는 세계적 언어, 승리한 언어에 능통하다는 뜻이니까!

러시아의 비행기가 중국 공항에 도착하면 조종사와 관제탑 사이에 쓰이는 말은 러시아 어가 아니다. 중국어도 아니다. 영어를 쓴다. 이탈리아 비행기가 이탈리아의 다른 지역에 착륙하려 해도 이탈리아 조종사와 이탈리아 관제탑 역시 영어를 쓴다.

이스라엘 장군과 이집트 장군이 1973년 10월 6일 욤키푸르 전쟁〔제4차 중동 전쟁. 이스라엘 명절인 욤키푸르(대속죄일)에 일어나서 욤키푸르 전쟁으로도 불린다〕의 휴전 협정을 논의하기 위해 시나이 반도에서 회동했을 때 그들은 히브리 어를 쓰지 않았다. 아랍 어를 쓴 것도 아니다. 영어를 썼다.

노르웨이의 고래잡이 어선이 줄루 족 선원을 고용하기 위해 남아프리카의 케이프타운 항에 입항할 때, 면접은 노르웨이 어나 줄루 어로 이루어지지 않는다. 영어로 한다.

스웨덴과 덴마크, 노르웨이의 의회는 스칸디나비아 회의라는 조직체에 대표단을 파견한다. 그들의 공식 회의는 스웨덴 어와 덴마크 어로 진행되는데, 통역사를 고용하고 동시통역 장비들을 마련하는 데 막대한 비용이 든다. 그러나 회의가 끝나고 이웃한 3개국 대표들이 연회장으로 자리를 옮기면 그들은 모두 서로서로 영어로 말하기 시작한다!

리투아니아, 에스토니아, 한국, 이라크, 멕시코, 그 밖의 여러 나라들은 영어를 모국어로 쓰지 않으며 언론 매체도 영어를 사용하지 않는다. 그런데 이 나라들에서 시위가 벌어지는 장면을 TV에서 볼 때 시위자들에게서 뭔가 이상한 점을 발견한 적이 없는가? 자기 나라 말로 씌어진 피켓과 깃발 외에 그들은 언제나 영어로 씌어진 피켓과 깃발을 들고 나온다. 그리고 충분히 그럴 만한 이유가 있다. 그들은 자신들의 메시지가 전 세계에 울려 퍼지기를 바라는 것이다.

아프리카 지도에서 나이지리아는 거대한 대륙의 만곡부가 본대륙과 만나는 지점에 있는 하나의 작은 점처럼 보인다. 하지만 그 점 안에는 1억에서 1억 2천만 명에 이르는 사람들이 요루바 어, 이부 어, 하루사 어, 누페 어, 오우오 어 등등의 이름을 가진 250개의 다른 언어들을 말하며 살아가고 있다. 나이지리아의 어린이들은 학교에 간 첫날부터 영어를 배운다. 영어가 없다면 나이지리아는 세계와 말을 나눌 수가 없을 뿐만 아니라 자신들끼리도 대화를 나눌 수가 없을 것이다.

나이지리아의 교육자인 알리우 밥툰데 파풍와가 1991년 초에 나이지리아의 어린이들에게 자국의 250개 모국어를 가르치기 시작하자고 제안했을 때 정부 기관지는 이런 사설을 실었다. "우리의 아이들을 인류 발전의 주류로부터 벗어날 수 있도록 해 주는 언어 민족주의를 이상적으로 실험하는 것은 20세기의 마지막 10년 동안 우리가 누릴 수 있는 최소한의 사치이다." 이 말은 과거 식민 지배자들에 대한 증오에 가득 찬 비난과는 거리가 멀다.

인위적으로 국제어를 도입해 보려 했던 모든 시도는 지금까지 실패해왔다. 에스페란토(Esperanto), 이디엄 뉴트럴(Idiom Neutral), 코스모스(Kosmos), 모노글로티카(Monoglottica), 보편 언어(Universalsprache), 네오라틴(NeoLatine), 베르트팔(Vertparl), 문돌링그(Mundolingue), 딜(Dil), 볼라퓌크(Volapuk), 심지어는 음계의 음표에 기초한 국제어까지 이 모든 국제어들은 약화되어 점차 사라져 갔다. 국제어들은 언제나 그럴 것이라는 게 내 추측이다. 투표를 통해 따뜻한 날씨를 폭설로 바꿀 수는 없는 것처럼 어떤 언어를 "투표를 통해" 국제어가 되도록 하지는 못한다.

개인과 나라가 전쟁을 포함한 온갖 종류의 힘을 동원하여 지배자가 되듯이, 언어도 똑같은 방식으로 이름을 떨치게 된다. 그러나 언어가 이름을 떨치는 데는 부가적인 요인이 있다. 무력만으로는 안 되는 부분이 있는 것이다. 승리한 언어는 어느 정도 패자에게 수용될 수 있는 성질을 가져야만 한다.

러시아 어는 제2차 세계 대전을 통해 강력한 언어로 부상했으나 공산주의 제국의 경계를 넘어 휘몰아치는 데는 실패했다. 심지어 그 제국 내부에서도 사람들은 의욕적으로 그 언어를 배우려 하지 않았다. 헝가리와 루마니아, 동독의 학생들은 미국 학생들이 프랑스 어를 배우고 나서 그러하듯이 8년간 학교에서 러시아 어를 배우고 나서도 러시아 어를 모른다.

반면 영어는 환대받은 언어였다. 아프리카 인들과 아시아 인들은 대영 제국에 무력으로 합병되는 것이 기쁘지는 않았겠지만 영어가 통합의 도구라는 것, 모두가 영어를 배운다면 이역만리에서 머리 위로 뚝 떨어진 그 언어를 통해 5마일이나 떨어져 사는 다른 종족들이 처음으로 의사소통을 할 수 있다는 사실을 인정했다.

늑대는 덩치가 더 큰 늑대를 지도자로 인정한다는 것을 알리는 표시로 그 늑대를 향해 목을 치켜든다. 전 세계는 목을 치켜들어 영어가 현대 세계의 선택받은 언어라는 것을 인정했다. 그것은 군사력이나 상업의 힘만으로 된 것이 아니다. 영어가 환호를 받으며 지구의 국제어가 될 수 있었던 데는 미국 영화와 노래, 만화, TV 연속극, 그리고 티셔츠에 이르는 온갖 것들의 도움이 있었다.

그러나 영어가 패권을 장악했다고 해서 외국어 교재들을 서점에 반환하고 모든 것을 잊어도 좋다고 생각할 사람들은 선견지명이 없는 사람들뿐이다. 세상 사람들이 영어를 예우한다는 바로 그 이유로 미국인들이 더 성의껏 그들의 언어를 꿋꿋이 예우해 줄 때 그들은 미국인들에게 더욱 더 고마워할 것이다.

배리 파버Barry Farber는

'여러 언어에 통달한'(polyglot)이란 말로도 부족한 '외국어의 달인'(hyper-polyglot)이다. 25개나 되는 외국어를 유창하게 구사하지만, 지금도 여력이 있으면 더 많은 외국어를 공부하여 다른 문화, 다른 친구를 사귀고 싶어 하는 언어 애호가이며 모험가다. 뉴욕에 있는 The Language Club을 설립하고, The Learning Annex에서 그만의 독특한 방법으로 외국어를 가르쳐 왔다.

또한 지적이고 재치 있는 솜씨로 다양한 매체의 독자(讀者)와 청자(聽者)를 사로잡는 '멀티미디어'(multimedia) 저널리스트이다. 《뉴욕 타임스》, 《리더스 다이제스트》, 《워싱턴 포스트》 등에 칼럼을 기고해 왔으며, "Barry Farber's WINS Open Mike"와 "Talk America Radio Network" 등 여러 토크쇼를 진행해 왔다. 2002년에 *Talkers Magazine*이 뽑은 가장 뛰어난 라디오 진행자 25명 중 9번째로 오를 정도로 인기 있는 진행자이다.

최호정은

서울대학교 미학과를 마친 뒤 한국외국어대학교 통역·번역 대학원 한로(韓露)과를 졸업하고 영어와 러시아어의 번역과 통역일을 하고 있다. 번역한 책으로는 《얼굴 성형 운동》, 《무엇을 할 것인가》, 《도스또에프스끼와 함께한 나날들》, 《반투 스티브 비코》가 있다.

외국어 완전 정복

지은이 • 배리 파버 | 옮긴이 • 최호정 | 펴낸이 • 임영근 | 초판 1쇄 발행일 • 2006년 3월 30일 | 펴낸곳 • 도서출판 지식의풍경 | 주소 • 서울시 마포구 서교동 473-19 (121-842) | 전화 • 332-7629(편집), 332-7635(영업), 332-7634(팩스) | E-mail • vistabooks@hanmail.net | 등록 번호 • 제15-414호 (1999. 5. 27.)

값 9,800원   ISBN 89-89047-22-6 03700